商业问道

用文化助力企业良性发展

李柏映　著

中国经济出版社
CHINA ECONOMIC PUBLISHING HOUSE
·北京·

图书在版编目（CIP）数据

商业问道／李柏映著．--北京：中国经济出版社，2022.8

ISBN 978-7-5136-7043-2

Ⅰ.①商… Ⅱ.①李… Ⅲ.①传统文化-应用-企业管理-研究-中国 Ⅳ.①F279.23

中国版本图书馆 CIP 数据核字（2022）第 148159 号

策划编辑　海　毅
责任编辑　王　帅　高　鑫
责任印制　马小宾

出版发行　中国经济出版社
印 刷 者　北京富泰印刷有限责任公司
经 销 者　各地新华书店
开　　本　710mm×1000mm　1/16
印　　张　11.25
字　　数　118 千字
版　　次　2022 年 8 月第 1 版
印　　次　2022 年 8 月第 1 次
定　　价　58.00 元
广告经营许可证　京西工商广字第 8179 号

中国经济出版社　**网址** www.economyph.com　**社址** 北京市东城区安定门外大街 58 号　**邮编** 100011
本版图书如存在印装质量问题，请与本社销售中心联系调换（联系电话：010-57512564）

序言

PREFACE

在您正式开始阅读正文内容前，我想把自己对传统文化的一些实际学习和具体实践过程与您分享一下，以期共同感受文化带来的力量。

2007 年，我有幸听到了周泳杉老师的“中华优秀传统文化与现代企业管理”课程，课程中的一个核心点使我至今难忘。周老师说：“如果劳资双方是基于对立而建立管理模式，管理则永无宁日。”我恍然大悟——为什么当前企业管理落地执行不了？我觉得是因为管理的前置条件“劳资双方是对立的”有问题。如果这个条件不能解除，管理的问题就解决不了 。

劳资双方“对立”的背后是什么？是非道思维。中国文化的核心在“一元”，如果劳资双方是二元，管理者没有明道悟道，不知道企业与员工是命运共同体，那么管理在源头上就出现了问题。

2007 年，我第一次学习商业法则课程，现在想来，当时确实没学明白，但是却在我内心深处种下了“要用文化来助力企业发展”的种子。

2008 年，我开始为企业员工讲《弟子规》。它和传统企业培训有什么不一样？《弟子规》重在传道和立德，教化人心。我从南宁走到河南、山东、广西、广东等地发现，只要企业员工上过这个课程就会有变化，说明《弟子规》符合教化的原理。

2008年12月4日，青岛召开首届传统文化论坛，500多名企业家参加，主要商讨的就是如何将传统文化引进企业。他们非常渴望通过学习传统文化来化解企业问题，但当时没有标准系统与方案，也没有理论支撑和具体实践。

2011年，我们推出了课程——“管理心法”，培训学员进行管理问题探源，讲述员工为什么是可以教育培养出来的，过去的误区在哪里，以及管理心法的五个步骤、企业导入传统文化的系统模式等内容。经过培训，学员能够掌握管理心法，明晰管理必须要抓住人心，学会灵活运用传统文化与现代管理技能。很多企业员工听完课后都觉得受益匪浅。

2012年，我们研发出了“总裁悟道”课程，在课上重点研究探讨三个问题：“我们为什么做企业？”“事业到底是怎么做成功的？”“事业人生的最终意义到底在哪里？”后来又为企业开设了相关的系列课程，如“管理治要”和“职业宝典”等。

2013年，我到盛和塾做哲学顾问，稻盛和夫先生的思想对我影响很大，因为它是中国传统文化和现代管理科学一个近乎完美的实践结合版。“人生意义在哪里”“大义名分”等内容，对我的触动很大。

2015年，我的朋友于雷老师在清华大学组建了传统文化企业运用课题组，我也作为专家之一应邀入组，开始了传统文化在中国企业中的运用的课题研究。

2016年是个转折点，这一年我创立了学校，自己带团队，进入管理实战的一线，开始运作一个具体项目。对文化、经营、人才、产品有了更深的理解，对管理的整体思考也有所不同了。

2020年新冠肺炎疫情期间，我写完了《使命与发心》这本书。这是几年来一直的心愿，代表了我个人对传统文化与企业管理的系统认知与见解。

回顾这些年自己在传统文化与企业管理领域所走过的路程，能够看到时代一直在发生变化。西方管理科学、日本稻盛经营学、曾仕强先生的“中国式管理”、以德鲁克先生为代表的现代管理学、以特劳特先生为代表的定位学等管理思想不断呈现在大众的视野中。同时，中华传统文化的回归至今也有近20年的历程，这一切综合形成了中国管理科学的特色。

我们知道，商业文明直接推动着一个地区的商业发展。以德鲁克、特劳特先生等管理学大师为代表的西方管理学体系，带来了西方几百年的商业繁荣发展。以松下幸之助、稻盛和夫等为代表的日本商业文明体系，带来了“二战”后日本商业的崛起。那随着中华优秀传统文化不断地深入中国企业管理，它对于现代企业管理到底有哪些重要启迪呢?

本书中，我将重点谈以下五点：

第一，人生与事业的方向。

第二，商业法则和利他思维。

第三，起源思维与使命理论。

第四，管理的根本在心性。

第五，如何用无为法带领团队。

若用几个词来概括这五点，就是：方向、种子、起源、心性、无为。作为本书的作者，我殷切地希望《商业问道》这本书能够让更多的人了解到，中华优秀传统文化具有解决企业经营问题的力量，可以助读过本书的你一臂之力，从而更好地掌握企业经营管理之道，让中国企业一直行走在道上。

目录

CONTENS

第一卷　中华文化与企业管理 / 1

01　人生与事业的方向 / 3

02　商业法则和利他思维 / 8

03　起源思维与使命理论 / 21

04　管理的根本在心性 / 30

05　如何用无为法带领团队 / 39

06　市场困难的真相与机遇 / 47

第二卷　问道 108 / 51

——常见“企业经营问题”及其“智慧解答”

第一卷

中华文化与企业管理

01　人生与事业的方向

我们做事业到底为了什么？事业是人生的全部吗？肯定不是。中国传统文化对于这一问题是如何解答的呢？

日本经济崛起之后，稻盛和夫先生也在思考这个问题。他在《活法》一书中写道："我们生活在一个不安宁的时代，世道混迷，看不清前途，物质是富裕的，精神却很空虚。衣食是丰足的，礼仪却很欠缺。行动是自由的，感觉却很闭塞。只要肯努力，什么都能得到，什么都能做成，但人们却消极悲观，有人甚至犯罪或搞出丑闻。一种压抑的气氛弥漫于整个社会，这是为什么？因为许多人找不到人生的意义和价值，迷失了人生的方向，因为缺乏明确的价值观才导致今日社会的混乱。"

《活法》作为企业撰写的书，开篇不谈企业却直接谈人生："如果不从根本的价值观上思考和解决问题，社会必将愈加动荡，未来必将愈加混沌。在本书中我将正面追问什么是人生的真理，生活的意义何在，人生的状态是什么。我将毫无顾忌地阐述我在这些重大问题上的基本思想，将我这根小小的桩打进时代的潮流。"

我们身边有这样的企业家，赚了钱以后依然很痛苦，觉得很迷茫，没有方向，为什么呢？慧律法师说过一句话："人之所以痛苦，在于追求了错误的东西。”企业家所遇到的很多问题，其实都与方向有关。如果方向错了，那么整个商业一定会迷航。而中国传统文化恰恰对于人生方向问题有着非常深刻而又理性的思考。

企业做到什么程度算是成功呢？在常规思维中就是以销售额为目标，以成为上市公司、国际品牌、500强等作为成功的标志。这些不能说是错的，但绝不能把它当作终极目标。中国的传统文化在提出人生与事业的目标时，给出的答案叫三立——立德、立功、立言，这是中国人的追求。

立德，谓创制垂法，博施济众，即树立高尚的道德；立功，谓拯厄除难，功济于时，即为国家建功勋、做贡献；立言，谓言得其要，理足可传，即思想、经验用文字记载其要，传之于世。所以，中国人的名字里常有三立，如马三立、李立三。中国人做事业，以这个作为最高标准。为什么将其作为最高标准？站在历史的角度就能明白。“滚滚长江东逝水，浪花淘尽英雄”，什么能够在历史上留下印迹？三立！其他的，“是非成败转头空”。

如果以三立为追求，就有人会提出：那公司业绩呢？上市呢？其实能够实现三立，这些都会被兼顾到，反倒不难。像三鹿奶粉、长生生物出的问题，我觉得还是在大方向上错了，追求不同，结果就不同。比如，同样是企业家，为什么稻盛和夫先生能够写出《活法》那样的书，而中国的企业家却写不出来？出书是立言，立言得先立德、立功。

立德，可以利益家族数百年。“积善之家，必有余庆”，像吴越王钱镠、宋朝宰相范仲淹，因为德厚，这两个家族传承不断，绵延八百年乃至一千年。立功，可以利益国家数百年。像陈嘉庚创办厦门大学，张伯苓创办南开大学，对社会贡献很大，到现在人们还是纪念他们，因为他们对社会有功。立言，可以利益后世数百年。像王阳明、曾国藩，我们现在看他们的书，仍然觉得很有用，因为他们有追求、有才智。

古人的追求方向跟我们现在真的不大一样，像范仲淹、王阳明，他们临终时连丧葬费都没有，特别贫困。有人会问："官当得那么大，为什么还那么贫困呢？留点钱不行吗？"其实后来才明白，他们对这些毫不在意，三立才是他们真正的追求。这就是中国的传统文化。

三立是外在的显性世界。关于内在的世界，稻盛和夫先生提出"提升心性、磨炼灵魂"。他说："我们人生意义在哪里，人生目的在哪里呢？对于这个人生最基本的问题，我认为必须从正面回答，我的答案就是提升心性、磨炼灵魂。"把内外两面联合起来，就是今天企业家应该要追求的人生境界。

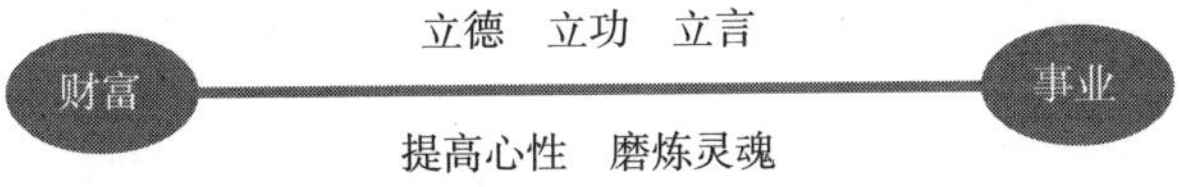

内在提升自己的心性、磨炼自己的灵魂，外在立德、立功、立言。内在与外在之间是彼此关联的。如果我们能够立德、立功、立言，心性也一定很高；同理，如果我们心性很高，就可以立德、立功、立言。两者可以互相对照。我们在追求三立的过程中提高心性，在提高心性的过程中实现三立，以这个目标贯穿我们的事业。

对于中国的几千万名企业家来说，如果定下这个目标，相对来说就会更加合理可行，在中国文化里被称作"内圣"和"外王"，出自《庄子》：“是故内圣外王之道，暗而不明，郁而不发，天下之人，各为其所欲焉，以自为方。”

内圣是在事业中提高心性，外王是在事业中实现三立，内圣和外王之间互相关联。内圣，还包括慈悲的增长、智慧的增长。外王，就是立德、立功、立言的兑现。如果内在的慈悲增加了，我们的理想就大；智慧增加了，思路就更加开阔。

我认为传统文化给出的答案是一条安全之路、合理之路，中国企业家如果朝这个方向奋斗，要比过去单纯追求财富好很多倍，既为社会做了贡献，也保护了自己。因为调整了方向，从而调整了整个人生与事业的步调，这才应该是中国企业家的最高追求。

《一代大商孟洛川》中有这样一段话：“其一，大商之为商者，非以聚财富家为目的，而以经世济民为己任，虽居身于市井阛阓，却能立志于天下大众，此所谓奉义也。其二，大商之为商者，必以君子爱财、取之有道为准则，诚信克己，不欺不诈，此所谓信义也。其三，大商之为商者，富裕后并非耽于个人享乐，而是为富尚仁，乐善好施，达则兼济天下，大者保家卫国，兴邦安境，小者赈灾济荒，筑路修桥，兴办义学，此所谓，行义也。”中国古人都有这样的大商追求。

那我们中国的企业家到底应该追求什么？从财富到大商再到圣贤，这条路是合理的。如果把目标设低了，以财富作为唯一追求，后患会很大，从身体到家族乃至于后世都容易出现问题。

同时，对于个人来说，一个人如果内在能够提升心性、磨炼灵魂，幸福感就会很强，因为内心安宁，充满了慈悲和智慧。内心安宁、慈悲、智慧的人，一定是最幸福的人，不会有那么多的烦恼。外在能够三立，那这一生就会很有成就感，对社会有贡献，没有虚度人生。

这些年我一边学习传统文化，一边和企业家交流——企业家的人生到底要往哪里走。在这个过程中发现，过去选定的方向好像不太对，我想如果能调整到正确的方向，并且有“普世价值”就好了，所以就有了这些思考。

02　商业法则和利他思维

中国文化和现代企业管理有一个非常重要的链接点，即商业法则和利他思维。我从 2007 年开始学习，2013 年到沈阳盛和塾工作，先为沈阳塾生们讲了三天的商业法则课程，随后和他们共同研讨了三个月，他们感觉收获很大。商业法则对于个人来说非常重要，如果想改变命运，一定要学商业法则。

稻盛和夫先生说："利他本来就是经商的原点。"商业的根本出发点要从利他开始。离开利他，商业一定会崩塌。很多企业家在和供应商的接触中都会发现，有的供应商非常利他，有的供应商则做不到利他。不利他的供应商，下次就没有合作的机会了。作为客户，如果第一次合作就觉得别扭，以后还会再给他订单吗？有些商家在追订单时，想尽各种办法，说好话、拍胸脯，等执行订单时又是另一副模样。国内某一区域的经济下滑现象，就与这种思维有关。要订单时靠关系，执行订单时完全是非利他思维，做一家坑一家，没有延续性，越往后走市场越窄，造成区域性落后。

如果离开利他思维这个原点，商业就运行不了。不能利他已经成为现代商业的核心症结，很多企业"破产"就是因为没有利他思维、没有利他能力、找不着利他点、不知道怎么利他，整个思维方式都是以自我为中心。这是很可怕的！

稻盛和夫先生提出："要以善恶，不以得失做判断。"现在是什么状况？有的商家只以得失做判断，根本没有利他思维。稻盛和夫先生提出的人生与工作方程式中最关键的是思维方式，它有正负，可以低于零分，可以从负100分到正100分范围内打分，正100分和负100分的区别就在于利他和非利他。所以稻盛和夫先生说，思维方式决定人生和经营。

如何建立正确的思维方式？如何获得真正的利他思维？在实践中发现，就是种瓜得瓜，种豆得豆。如果想帮助企业家建立牢固的、不敢存有侥幸心的利他思维，那就要从商业法则开始学起，也就是种子法则，这是一条快道。我在为沈阳盛和塾服务期间导入商业法则，再加上理事长与大家的共同努力，从2013年到2016年，当地盛和塾发展速度很快。2016年稻盛和夫先生专程来到沈阳参加了盛和塾大会。

后来了解到，中国企业家讲利他的很多，可是在实际深度合作过程中发现，很多都有"两层皮"现象，表面很利他，而真正到利益博弈时，就不利他了，全是利己的。对利他没有深信，不肯让利，不肯吃亏，甚至常常有占便宜之心。利他讲了这么多年，但到实践过程中就做不到了。哪里出了问题？

根治这个问题的办法就是学习种子法则。在后来的实践中，每次企业家学习，都是先从种子法则开始学起。当大家深信种子的力量，持续学习之后，利他思维就慢慢建立起来了。有的企业家可能一时还不能特别利他，但至少不会算计别人了。而在一般商业中，算计别人几乎是常事，人们毫不在意，对此完全没有畏惧。

甲乙双方总在争辩，当初谈得很好的工程项目，最后却变卦，大家都有种被人欺骗的感觉，行事背离了商业诚信。利他思维起不来，使命就找不到，因为使命是基于利他思维而建立的。使命找不到，商业就发展不起来，整个链条就容易崩掉。

也有这样的企业家，虽然没有学习过，但家训传承得好，厚道善良，利他已经成为他的思维定式。但这种企业家很少，多数人是做不到的。我自己也是靠学习，利他思维才得以强化。基于这个原因，我开始思考："怎么才能把种子法则导入企业管理中，推动现代商业利他思维的回归。因为只有利他了才能自利，因是利他，果是自利，如果利他不回归，商业就很难一直行走在道上，早晚会出问题。"

关于种子法则，有几个相关的理论很重要。种瓜得瓜，种豆得豆，一般理解就是"善有善报，恶有恶报"，实际上它讲的不只是这八个字。展开来讲，它和变化、世界唯一不变的就是变、内求和隐性等都有关系。所以在这一思想中蕴含着很多中国文化的核心内容。

种子里的变化不是悲观的变化，是说事物是可变的，可变就能带来希望。所以，我们可以顺应事物的变化推动它走向成功，可以让企业从困境中走出来。但有时，我们常常被眼前的事情蒙蔽，忘了事物是可变的。想求果，从哪里改？在因上改就行，有因必有果。事物是变化的，变化的规律就是种子，可以运用种子，在变化中实现自己的心愿，这是一个非常重要的思维方式。

种子法则讲，"世界唯一不变的就是变"，这个思想让我们从过去的认知里慢慢退出来。我们过去可能认为世界是固定不变的，其实世界的本质是“空”，它随我们心的投射而变。当我们认为世界是实有的时候，麻烦就来了，我们会和它对抗、掰手腕，与它进行较量。殊不知世界唯一不变的就是变，是随自心而投射的，看到了世界唯一不变的就是变，才能看到内求，所以中国文化里的内求是有理论支持的。为什么要内求？因为我们所看到的世界，本质是空的，它的显现与我们的心有关，只有向内认知自己的心，才能真正看清世界。

种子中的“因”在哪里？在我们的隐性世界里，所以学习种子可以帮助我们建立隐性思维。世界既有显性部分，也有隐性部分，看不见的隐性（因）决定着看得见的显性（果），这样我们分析世界的角度就改变了。

但实际上，种子的思维方式是不容易建立的，每次学习后只能坚持一段时间。为了避免这种情况的发生，接下来用简单易懂的例子来介绍一下种子的整体思维方式。

大家看上图，毫无疑问这是一个杯子，我们都会坚定地这样认为。可是我们却没有想到，所谓“它是杯子”是“我看到”和“我认为”的。我们所有看到的世界背后都是——“我看到、我认为”，都带着“我”。我们看到的是真相吗？不一定，可是我们却认为“这就是真相”。

世界的本质是“世界唯一不变的就是变”，它是可变的，它随“我”而变。我们过去把力气都用到了外面，总想改变别人。其实真正需要改变的是自己。中国文化是内求文化，它是基于发现了“世界唯一不变的就是变”而建立的。它发现了“我”的存在，也发现了“我”和世界的关联，世界就是“我”的投射，所以要去改变自己而不是改变世界。我们基于这样的思维方式而形成了内求思想，因为只有内求才能解决外面世界的问题，不内求就不能解决问题。这是一种智慧的思维方式。

总而言之，内求的思维方式是基于几个大前提而建立的。第一，世界本质是空的，但空不代表不存在。第二，我在其中，外境是我心的投射，只有改变了我，才能改变眼前的世界。所以只有对自己下手，只有内求才能解决问题，因为世界只是一种显现、一种标签。

在我创办学校的过程中也发生过矛盾，以往只会指着对方说他的错误；现在学习了种子法则，每次应对时，都要先内观一下，自己有没有生嗔恨，虽然是他在刁难我，但我也不能生嗔恨，一切都和自己有关，这是我自己种子的化现，既然如此，平常心对待就好。要在保护集体利益的前提下，看看自己还有哪些做得不对的地方，甚至还要感谢他把我的一些种子消除了。米拉日巴尊者说：“原谅那些伤害你的人，他们冒着下地狱的危险来成就你，所以谅解并用慈悲心去祝福他们吧。因为即便过错是别人的，业障一定是自己的。”

正是这种思维方式帮我在面对各种事情时，内心相对比较平稳。当遇到各种困难逆境时，一般会向内思考自己哪里做得不对。如果没有人帮，会考虑是不是自己的福气不够了；当自己想逃避时，看看是不是自己的理想不够了；遇到问题想不明白时，想想是不是自己的智慧不够了。很多时候往往不是问题难解，而是自己的智慧不够；不是路难走，而是自己的理想不够；不是没有人帮，是自己的福气不够，福气够了自然有人来帮；不是眼前的世界太混乱，是自己内心有很多混乱的种子，将这些种子化现出来清理掉就好了。

这种思维给了我很大帮助，让我在面对事情时没有因为烦恼而消耗过多精力，只是正常应对，该怎么样就怎么样，也时常提醒自己，世界就是空的，不要随它转。其实，内求思维中有很多非常宝贵的思想，比如：“好与坏的感受并非来自外在事物本身。”那么来自哪里？我们的业种子。外在事物的本质是世界唯一不变的就是变，好与坏的感受都是自己业种子的化现。蕅益大师说：“境缘无好丑，好丑在人心。”所以我们要从心上修，让外境随心而变，而不是心随境转。

怎么转变外面的世界呢？要去种对应的好因，这时候就形成了种子的构架图。从显性到隐性，每一天我们的身语意制造因后，它都会落到心里成为种子。过去我们认为所说所做的一切都会随风而逝，但其实一切都会有痕迹，有业种留了下来，留在中国文化的唯识学中所讲的第八识的种子库，所有的显性行为会转成隐性的第八识种子。种子进来以后能生长增大，增大以后变成我们的因。而外面的世界是缘，缘是随心而现的。好的缘分还是恶的缘分都是和种子有关的。有了这个思维以后，我们出去做事就可以有很足的信心，因为只要种子足够好，遇到的就基本都是好事，这是心的显现。

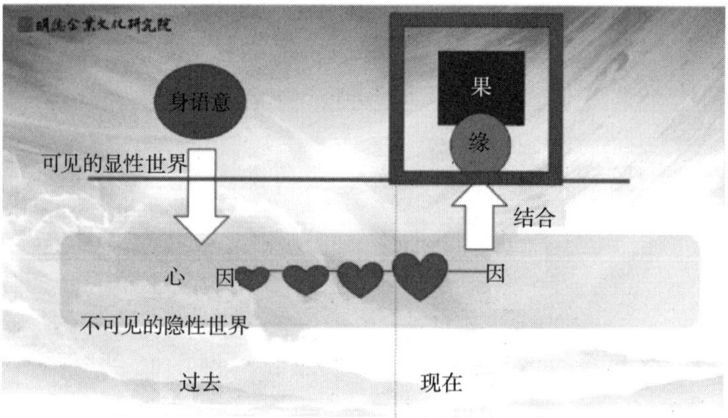

一切缘的显现都和我们的因有关，这样我们和这个世界就不纠结了。当我们种了足够多善因时，人会变得更加自信，遇到的好事也会越来越多。稻盛和夫先生在《心》这本书里也讲过类似的事。世界本质是空的，它随我们的因而显现，随因而重组，最后显出我们的果，这就是种子的基本变化过程。在这一变化过程中又处处与变化、世界唯一不变的就是变、内求和隐性等息息相关。

说变化，是指世界不是一成不变的，我们所看到的一切，都可以向好的方向发展，因为变化，所以带来无限的美好。同时，也正是由于变化，所以对于眼前的美好也不要过于执着，因为它总会失去。

那么“世界唯一不变的就是变”是在说什么？世界本质是空的，一直在变化，它无智慧，一直在随我们的因而变。我们的世界到底是好人多还是坏人多，跟自己的心有关。所以要内求，观察自己的身语意。

说到隐性，在种子思维上有一个难点，就是我们的大脑能不能进入隐性思维，以及能否接受隐性世界的存在。种子的“因”是在隐性部分的，如果我们不承认隐性世界的存在，那么种子理论就不存在，就会认为从现象到现象是随机的、偶然的。只有相信隐性世界存在的人，才能找到背后的链接。眼睛看到的和大脑思考的，是两个世界，眼睛只能看到显性的现象世界，学习种子必须要通过大脑思考。如果有的人脑思维模型建立不起来，那么种子就学不明白。

隐性在商业当中有一个重大好处：助力商业提速。做商业时，通常谈到的方法都是出于显性，而忽略了隐性。隐性与显性比起来，显性快，但是隐性大。所以正常做企业要显性和隐性并用。两个并用时，一生就有可能做出一家500强企业。如果想显性和隐性并用，必须要笃信种子！笃信种子的人，做商业时优势就显现出来了：显性行利他，一心利益顾客，所以订单很多；隐性种子越来越多，企业后期就会快速裂变，超常规发展。这种超常规发展是一般企业所达不到的，仿佛得到了老天相助和宇宙赋能。

杭州一家做服装的企业，因为疫情需要口罩，就找日本合作伙伴采购，通过聊天得知日方企业正在给政府做防疫产品，需求量大做不过来，就把订单分给了这个服装企业，而这一订单量远远超过该服装企业往年一整年的订单量。疫情下很多企业生存下来都是问题，而这个服装企业却订单爆满。订单怎么来的？很明显是正确运用了种子思维。一家企业想在30年时间左右做成500强企业，如果不是显性和隐性并用，是来不及的，显性见效快，隐性力量大。但是一般企业没有启动隐性的力量，只是利用显性力量来抓经营和管理。这就是种子在商业当中的实践运用不同带来的不同结果。

种子还可以用来应对问题，世界唯一不变的就是变，用变把问题化掉。变代表什么？代表事物的无限可能和无限生机。我们看到的一切困难都是可变的，也是随心而变的。所以只要转变了自己的心，机会就会到来。克服困难的关键在内部，在调心！心一转思路就出来了，接下来就是执行了。对于中国的企业来说，想建立强大的利他思维，想成为500强企业，想把稻盛和夫先生的经营学发挥得淋漓尽致，种子是必须要学的。

种子还可以帮助我们避免很多没必要的障碍。山东诸城一家企业，以前很重视抓经营、抓市场，但现金流一直不好，学了种子之后，开始在因上发力并坚持了三年。后来再见到这位企业家，据他说现金流已经好了，一直很富足。这就是学习种子带来的改变，也是隐性种子的力量。

这些年我在学习种子过程中，发现它对现代商业的帮助特别大，改变了商业的很多关键问题。

第一，如果我们深信种子，利他思维就很容易建立起来。因为我们不敢再种恶因了，尤其是和财富相关的恶因，如贪占、吝啬等。反而在种善因方面变得更加积极主动。

第二，借助隐性的力量，能办成大事业。它给我们提供意外的机会、意外的好的缘分，利用这种种子的变化，借助宇宙的力量，能得到最终的好的呈现。

第三，用“世界唯一不变的就是变”思维化解问题和困难，在“世界唯一不变的就是变”中看到生机。遇到问题不可怕，当问题到来的时候，先把力量集中在我们的心上，用坚定的愿心改变眼前的世界，然后从困难中寻找机遇。转换心境，从过去的得失心、世俗心转向愿心、道心，把心置于道上，困难慢慢就解开了。

第四，能够预防企业遭遇重大危机。重大危机的出现不是偶然的，它与企业当家人所种下的因有关，如果提前将因化解掉，危机就会被解除。好比地下车库装了十桶汽油，扔一根火柴，楼可能就会爆炸。但是如果我们提前知道这件事，之后每天搬出去一桶，十天以后危险就会解除了。这样，可能发生的危机就可以被我们抽丝剥茧地化重为轻。

当我们通过学习种子法则建立利他思维以后，商业的所有理论就都可以发挥力量了。一个不利他的人，学什么都没用，他不明白商业是怎么一回事。通过种子训练建立利他思维后，后期怎么做产品、做服务，怎么做销售、让员工幸福，都可以在利他的思维中推进。

我们观察商业中的很多错误，都是因为不利他。员工本来挺累的，但公司开会开到半夜十二点，这是利他吗？很多老板手中有权力，因为没人去控制他，就用权力去肆无忌惮地自私。如果真为员工着想，就不会这么做，一些没有必要的问题就不会出现。

种子可以改变命运。稻盛和夫先生在《活法》一书中说：“懂得种子报应法则，就能改变命运。”不仅改变个人的命运，还可以改变企业的命运。个人命运就是种善因得善果，企业命运就是通过种子把利他思维牢固树立起来，进而找到企业使命，夯实现代商业的地基，这是一条可行之道。

当我们知道了隐性世界的存在，知道我们的身语意中有种子时，我们就会保持敬畏，时刻对自己的每一句语言、每一次行动、每一个念头负责任，因为它不会空来空去，而是会成为因，成为我们未来的命运。

当我们知道内求时，解决问题的答案就找到了；当我们有烦恼时，知道是自己智慧不够了；当我们逃避懒惰时，知道是初心没有了；当我们四处无援时，知道是自己的福气不足了。这种思维使用多了就会开始警醒，知道以后要多修福气和智慧，不能再等。随着福气和智慧的增加，很多问题慢慢就解开了。

种子思维重在从因上着手，提高做事的效率，不再在情绪和烦恼里花时间，不再抱怨和指责，该怎么解决就怎么解决，因为我们的内心是平静的、理性的。

当自我意识被弱化，利他思维得到长期训练以后，我们的商业敏锐度会明显上升，感知他人的能力也逐步增强，特别是感知市场需求的能力，能够用利他来运营市场，迅速发现商机，进而改善产品、改善服务、改善顾客关系。在德鲁克先生讲的《创新与企业家精神》中，为什么那些企业家会发现商机并转化成一个产业？背后还是利他心。

种子思维在《能断金刚》这本书中讲得很详细。种子思维告诉我们，要在因上设计规划来帮助我们成就大事业。财富、人才、贵人、机会……这些都是我们希望遇到的，而它们却不确定什么时候出现。不过，从种子世界的规律看，这些是可以提前准备的。求财富，要多做财布施；求人才，要多帮助别人成为人才、储备人才；求贵人，要多做别人的贵人，给别人支持；求机会，要给别人创造机会。《业力法则》说："如果我们想要事业成功，首先要努力帮助他人成功。"所有想求的东西，都可以在种子世界提前安排。

用种子思维做现代商业，与商业文明有机结合、彼此关联，能使商业有效提速。操作时，显性世界该怎么做还怎么做，依旧做产品、做销售，同时在隐性世界种下足够的因，并等待它成熟。比如我们做一个好产品，它在显性世界里挣了足够多的利润，在隐性世界里它是一个善因，将来必得善果。两种作用同时出现，就不再是一个简单的交易。

用交易心做营销和用利他心做营销效果是不一样的。用交易心做营销，我们只能获得利润。用利他心做营销，我们既获得了交易该得的商业利润，也收获了一个好种子，两者兼得。

想成就事业还可以启动一个更大的种子：愿。愿就是初心。如果说以事业的成功为果，那么根本因就是初心。初心为大因，稻盛和夫先生在做 KDDI 时，用了六个月的时间来思考自己的初心，因为他知道，初心决定后面的一切。初心不对，事业难以成功，很多人在这点上没有觉照，一直在忙碌，却始终不明白是哪里出了问题。

关于初心，可以参阅《使命与发心》一书，里面有详细讲解。现代人的困惑是不知道初心的重要性以及什么是初心，也不知道从哪里找到初心。初心如果从深层分析，就是生命本有的力量在发挥作用，即智慧——何期智慧，能生万法。

稻盛和夫先生在六项精进里提出了"反省"文化。不会反省的人要先学习种子，因为没有种子法则做支撑很容易反省不出来，事事都认为是别人的过错，当种子真正学明白了就会反省了。一是反省断恶，既知种子，就要坚决断恶，否则恶因就会找我们算账。二是反省利他，不种善因，不得善果。信种子就要坚决利他，只有坚决地利他才能改变自己的命运。还有一个是果出现时的反省。恶果表面是别人造成的，其实是以前自己种下的因成熟了，是自己种子的化现。我们每天都可以进行反省，经常去问自己，问多了人生就改变了。

相信种子法则和种子的力量，人就会生出敬畏心。企业家们如果相信种子，对社会的伤害就会减少，甚至杜绝，环境污染、伤害顾客、坑害百姓等事件的发生概率就会大大降低。中国古代没有那么多警察和天眼监视器，用什么治理社会、解决社会问题呢？种子。白岩松说："中国传统信仰是八个字——善有善报，恶有恶报。"这八个字就是中国古代治理社会的根基。

印光大师说："善谈心性者，必不弃离于因果；深信因果者，终必大明乎心性。"我们这一时代谈心性谈得很多：提高心性，拓展经营。可是怎么切入呢？心性感知不到也抓不住，但学习种子后，心性就会自然显露。比如这里有一个便宜，以前想拿就拿了，但学习种子之后，知道不能拿，一瞬间心性就暴露出来了。当想对过去那些不符合种子的习惯进行制动时，就会发现心性的力量。就像一个从来不知道孝敬父母的孩子，学了孝道之后就会发现自己不孝的心。

没有种子作为人生的法则，每天就会随心所欲地随着习性乱跑。如果通过种子给习性加上制动，心性就会生发出一种力量，这就是"深信因果者，终必大明乎心性"。

03　起源思维与使命理论

经营管理哲学大师稻盛和夫先生、德鲁克先生都对使命特别关注，对使命的解析也特别详细。那使命到底是什么？我们围绕事物发生的原理进行了深入的探究。

过去探讨企业说的都是结果或者现象，比如“因为投资错了，所以项目失败”，但这么说还是没有把问题说清楚，事物发生的根本原因没有被解析出来。那怎么样才能够从深层解析出企业因何而生、因何而存，又因何而盛、因何而衰？企业兴衰成败的深层理论到底是什么？基于这些问题，我们开始探究起源层面。

起源与使命、偏重于说事，即事物本身的道理，借助了大家熟悉的德鲁克先生谈的使命、稻盛和夫先生谈的大义名分，以及传统文化中关于事物的体、相、用这三个概念，可以发现使命、大义名分和道体其实是一致的，说的是同一件事，即“企业到底因何而存在”，是通过找到企业因何存在这一问题的答案而去制定企业决策的思维方式。

这种思维方式和过去经营企业的思维方式的差别在于，过去看企业一般只关注两点：第一，事项，即人、财、物等各种事；第二，盈亏。常规的管理学都是在各种事项和经营盈亏上着力。

德鲁克先生说：“企业宗旨（使命）决定企业命运，创办企业第一问题——本企业是什么企业？本企业是做什么的？此后所有决策和计划都必须以此为基础。”他又说：“做企业绝不是仅仅基于一笔财富，而是建立一个足以长存一世的组织。每一位伟大企业创始人，都有关于本企业的明确理论和理念，从而引导其行动和决策。”“真正成功的企业家，其特点不是单凭直觉，而是有明确简单深刻的企业理论，它要求明确地说明企业的宗旨和企业的使命，它要求提出这样的问题——我们企业是什么以及它应该是什么？”

无论是德鲁克先生，还是稻盛和夫先生，都发现了“使命”的存在，中西方文化在这点上是一致的。我在学文化时觉得蛮有意思，好像突然找到了一线亮光，发现原来大家都是这么看问题的。德鲁克先生继续说：“如果不以一种企业理论为依据，就不能合理地承担这些责任，它就必然会使各种资源分散。”“如果不把结果同这样的一种企业理论所产生期望相比较，就没有办法确定是否需要进行某项变革。”

这里有一个关键性问题：“决策的依据到底是什么？”答案是使命。如果不以使命为依据，资源就不能整合。企业使命非常重要，东西方文化在这一认识上是相同的。只有明确地规定了企业宗旨和使命，才能树立明确而现实的企业目标。企业宗旨和使命是决定优先秩序、战略计划和工作安排的基础，是设计管理结构的出发点。战略决定结构，决定企业中某一关键性的活动是什么，而制定战略必须要了解我们的企业是什么，以及它应该是什么。

生活中也有很多案例，比如，一家企业看似一直在盈利，却突然破产了；也有的企业虽然暂时亏损，但是后来发展得很大。盈亏的数据固然很重要，但它不是最终的决策性数据，德鲁克先生提出的“企业外部成果”才是观察判断的依据。做企业不能只是简单地以盈亏作为决策标准。

一名企业董事长，不是用来做微观技术的，而是把握宏观决策的。做决策的人必须是认清使命、握住使命、践行使命的人，这是企业生死存亡的关键。

为什么企业不清楚使命时会出问题？当没有确立使命时，虽然花了很大力气做团队、产品、营销，却依然避免不了组织的无序和低效，这时企业就不能盈利和发展。

我在某国企工作过 8 年，现在回头看，做的很多工作基本都属于无效工作。公司各个部门没有几个是注重专业的，所有岗位都可以随便调动，这就是非专业思维。后来我就在思考：能不能形成一个专业理论让现代的中国企业去使用。

使命，就是企业因何而生。那么，企业因何而生存呢？答案也很简单，企业因需求而生，因满足需求而存。这里的需求一定是他人的需求，可是我们很多人养成了只关注自己的坏习惯。所以，使命理论运用的难点在于人们难以突破自我意识，头脑里都是“我认为”“我想要”，其实探索和实践使命就是一个突破自我的过程。如果打破不了，即使使命存在，很多人也找不到。要先进入使命思维，走出自我的世界，基于使命而一步一步找到顾客真正的需求。

怎样分析顾客需求？方法很简单，就是问，问多了就知道了。稻盛和夫先生在拯救日航时，每当遇到困难，就下一线去问员工，很快就会有答案，因为员工所关注的和企业所关注的不是同一个点，员工更关注自己的幸福，而企业主关注的是企业的生存，两者出现了对立和矛盾，不能成为一体。对立即非道。使命之所以是“道”，是因为它解决了两个对立的问题：一是顾客和企业的对立；二是员工和企业的对立。顾客和企业、员工和企业的统一需要立一个理来引导，这个理就是使命。使命使得企业的利益和顾客利益、员工的利益统一，最终形成命运共同体。

稻盛和夫先生所强调的使命，重点在社会责任感。这样的使命很有力量，不仅可以用来做决策，还可以用来做激励。他以一个词来指代使命，即“大义名分”。要为社会做贡献，要敬天爱人，很有力量感，这是使命的特征。

德鲁克先生提出的使命，好处在于精准和易操作。分析顾客定位和顾客需求，找到顾客到底在哪里以及有什么需求。如果这些要素分析不出来，就确定不了使命。

中国文化所谈的起源思想，在使命理论中有什么作用？

起源思想提供了一种思维方式，供我们反复使用。一家企业的使命可变可不变，从思维方式来说，它是不变的，但从内容来说，它又是可变的。虽然使命在变，但背后的思维方式不变。从不易到变易，符合中国易经的思维，既能不易还能变易。就像孝道，应该是基于父母的需求行孝，而不是基于儿女想行孝，是父母需要什么，儿女才要做什么。

除此之外，中国文化以善文化为核心，除了正常谈需求以外，它又把需求升级了，回到人类幸福的轨道上去，这是中国文化的特征。这么做的好处是避免了过度谈需求而忽略了“大风险”。比如，顾客有喝酒的需求，但企业不能无限度发展酿酒行业，因为长此以往会造成社会问题。不是指向人类幸福的需求，要小心规避。

能够践行使命，企业就在道上，所以使命又称作道体，是企业依道而建立的“体”。如果出现“非道”，就会争论、混乱，后期的决策就会出问题。可以把德鲁克先生、稻盛和夫先生和中国文化联合起来使用。稻盛和夫先生的使命是光明磊落、大义名分、正气凛然；德鲁克先生的使命实操容易，一分析就能落地；而中国文化的起源思维，教我们将不易思维变成变易思维。

如果能融合起来，就很容易找到道体，进而解决企业管理问题。从起始的起源思维到后来的顾客需求思维，再到全员共同幸福思维，每一步都要做到位。对于中国企业来说，如果把它用得很娴熟，在这样的理论设计框架下做的所有决策，都会特别精准。

在使命思维中，稻盛和夫先生提出的员工第一、共同幸福理念让我感触特别深，因为这种理念能解决企业管理中一个大问题——对立。我想所有研究管理的人一定要学习稻盛和夫先生提出的员工幸福思维方式，如果没有学会这个思维方式，后面的管理就等于白学。当一个企业没有使命，劳资双方陷入对立状态时，管理一定无解。只有明确使命，致力于员工的物心幸福，管理问题才能解开。

我们看到企业的经营发展过程以后，通过起源与使命的思维，来了解它的真实情况。第一，一家企业需要使命。第二，明确使命，就是企业回归道的过程。第三，践行使命，就是自我修炼的过程。研究使命在会议室，践行使命在现场！

践行使命是摧毁自我的过程。有的企业明确了使命却不肯落实，是因为没有突破自我，不肯内求和提高心性。要把使命变成一种悟道，用来减少每个人的自私和自我，这样企业才会慢慢好起来，才能创造社会价值、服务社会。

使命这个话题很有趣，它忽深忽浅，忽难忽易。说深，它是看不见的体在背后起作用。说浅，它就是顾客需求导向、员工幸福导向。说易，如果我们能够突破自我就容易。说难，如果不能逆着自己的习性就很难。那些能够将使命理论运用得很好的企业家，都是有追求的人，他们追求内在的提升，在一次次对照使命的过程中发现自己的不足，借外修内。所以，中国文化不是单纯讲几个方法，更注重在心上的修炼，都是针对人性而制定的智慧策略。

企业使命明确以后，就要在事相上发力。事相上最重要的事情就是人才、产品和营销。看一家企业的人才和产品就基本能看出它的未来。怎样监测企业是否良性发展，建议用产品、用顾客满意度来做反馈，而不是只用业绩和盈亏做反馈。

有位服务企业的老板，学了一套业绩考核系统后，将员工业绩直接和工资挂钩。结果预算出了问题，一个月后业绩上去了，月底财务找到老板说："按照咱们给员工承诺的话，这个月得发出去很多奖金，超出了预算，怎么处理?"老板说："这很简单，制度是我定的，毁掉，重新来。"老板做出承诺后又赖账了，后面的结果可想而知。内在没有道层面的把握，术就发挥不了作用，再好的人力资源管理、KPI也统统无效。

西方的很多管理科学，包括西方100年前的管理思想，引入中国就会有"水土不服"的现象，究其原因是在根本上出了问题。比如，要推出好的产品，就需要对产品的研发、技术、制程、品控进行投入，而有的人存在投机心理，想绕过产品投入直接获取利润，就会出现问题。这都是因为在道体上没有想明白。企业和员工是命运共同体，我们要关注员工的成长，关注员工的待遇，关注员工的未来，而不是将其作为企业的生产工具。

德鲁克先生说："在组织的内部，不会有成果出现，一切成果都存在于组织之外。"如果一家企业看不到它的外部成果，离危机的到来就不远了。其实很多企业不是倒在经营盈亏当中，而是没有外部成果的出现。没有外部成果是因为内部的人才和产品不到位。想在逆境中实现突破，就要从使命上下功夫，然后打造人才和产品，道生一，一生二，二生三，使命—人才—产品—市场，一步一步地把企业经营好。

那如何在管理中运用起源思维？在中国文化中，起源思维有两个作用：第一，回归事物的道体，看清事物本来的样子；第二，对事物进行整体性分析。

万事万物都是众缘和合而成，一个事情之所以没有成，一般来说是因为缺少缘。举个例子，在企业当中产品非常重要，但为什么做不出好产品？原因是什么？我们看如下的产品起源图，就会知道问题在哪里。

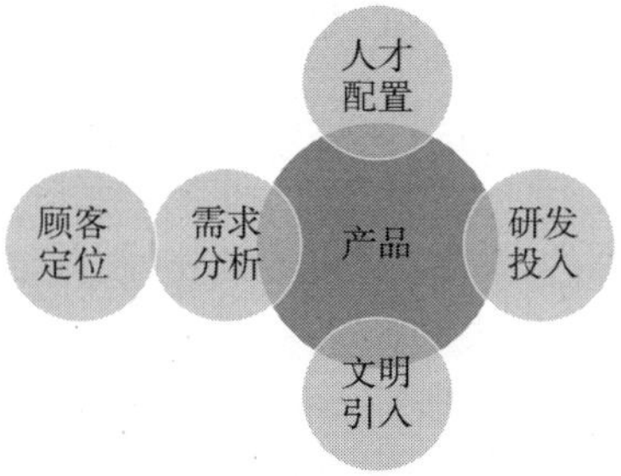

想要做出一个好产品，首先要做好顾客定位，其次要明确顾客需求是什么。知道了需求，就要有相对应的人才和技术（文明），之后进行投入，开始产品研发。这就是起源思维，知道一个事物的完整起源，通过整体分析，发现问题所在。

研发产品，首先要找到需求，根据需求配置人才、引入规则、投入研发，最后再回证需求，将产品和需求再次对应，看两者是否匹配。而起源思维的好处，就是它可以告诉我们，事物能成是因为条件充足了，条件充足就能成，条件不充足就成不了。

平时我们做一个项目，总是靠想法，想法没有系统性时，落实起来往往就会失败。只依靠一两个条件，是做不成事情的。事物是众缘和合而成的，没有起源思维，谋事就不够周密。当没有理性分析时，往往只会从局部解决问题。而起源思维就是把一个事物本应该呈现的众缘和合的状态，恢复到原状。

比如想办一所好学校，核心产品是师资和育人体系。要想研发好的育人体系，就要了解家长和孩子的需求，并且引入教育思想。为什么有的学校教研推不动？因为学校既不知道家长的需求，也没有教育思想可以依托。

人的思维方式常常是片面的、片段的、孤立的、零碎的，这是人类的先天不足。能当家做事的人，都要有综合思维，一旦进入碎片思维模式，企业就危险了。就好比“拿一袋水泥盖房子”，想盖房子是因为家里刚好有点水泥闲着，受这一袋水泥的“怂恿”，产生了盖房子的想法，到最后一袋水泥用没了，房子也没盖成。

很多青年创业者就是这样失败的，开口常常是“我有一个创意（想法）”。有想法是好的，但创业做事情不能只靠想法。我们常常被手里的资源“怂恿”，资源的确很重要，但只有资源是远远不够的。

做企业，我建议多画图，不是只动想法，画好图以后再和企业进行实际对照，查找问题形成的原因。我们过去喜欢出点子，希望用一个点子就能把事情解决掉，但往往欲速不达。

有个朋友问我：最近我们招生遇到困难了怎么办？我的建议是，先画图。招生是一个孤立的问题吗？是靠几个点子就能解决的吗？不坐下来画图，提不出方案，就解决不了。一所学校招生不好，往往不在于招生这一件事，而是很多事都不好，而我们却认为问题就只出在这一个点上。就好比说，小学生压力为什么大？因为作业多，好，那就减少作业量。请问：这样就能解决问题吗？不能！因为这不是以起源思维来思考的。

企业使命确立后，会有三个收获。

第一个收获，让企业所有事项得到了决策的总依据，让我们知道依据什么去决策。

第二个收获，找到了管理团队的根本，明白了不仅要确立使命，还要为使命而奋斗。

第三个收获，运用起源思维，能够对事情的发生进行整体性分析。

这也是三个很重要的思维方式，希望大家能够学以致用。

04 管理的根本在心性

德鲁克先生说："管理的本质其实就是激发和释放每个人的善意。"

星云大师说："管理其实就是在考验自己心中有多少慈悲与智慧。"

东西方的大师在"管理"这一点上高度契合。那么，这两句话有没有关联呢？我们内在有慈悲和智慧，外在才能释放出善意。如果说星云大师的话指向内圣，那么德鲁克先生就指向了外王，刚好互相成就。这两句话说到了管理科学的根本。

那管理到底应该在哪个点发力？

无论是国家、社会、企业、家庭，人类一直在追求幸福，为幸福而努力。一切活动都没有离开这个大方向，包括科学、文明、教育、工商业乃至宗教。

在奔向幸福的道路上，人类有一个重大发现：如果说幸福叫作命运，那么命运的根本就在心上。为天地立心，为生民立命，如果能提高心性，就可以改变人类的命运。因为人在社会中的各种行为，都是心所发出的系列动作，进而形成了命运。

这是人类在研究命运时发现的根本规律。如果认识不到这一点，我们就不知道从何处着手。因为有这样的心，所以人类才去探索和运用文明，而这些文明的探索者、发现者、运用者，我们称之为“人才”。

人才有两个重要构成要素：一个是心性，另一个是文明。如果心性提不上来，人才就不会出现。比如一个伟大的科学家，他并不是天生就会研究各种科学，而是因为学习阅读了人类大量的科学书籍，同时，他又有一颗贡献社会的心，文明与心性两者联合，才成就了一个伟大的科学家。文明是祖先留下来的，心性是每个人的，经过教育培养，出现了各类人才。

人才出现以后，要进行组织分工，有搞科技的、有搞教育的、有搞政治的、有搞人文的，进入各行各业，这样一个社会就形成了，幸福就可以兑现了。在这整个过程中有几大步骤：首先是人类要提升心性，学习文化，进而产生人才；然后人才经过组织分工，做到人尽其才，形成社会；再加上以法律作为共同的秩序规则，人类的幸福宏观框架就出现了。

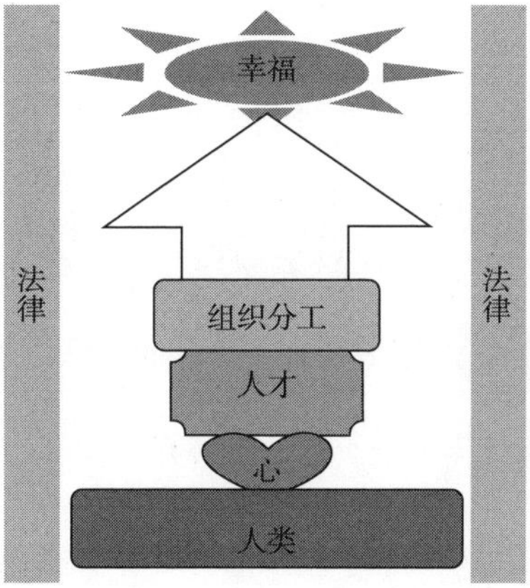

从这个架构的分析中我们可以对管理科学有一个新的认知。管理科学有三个部分特别重要，即心性提升、人才培养和组织分工，

整个管理科学基本都是基于这三部分展开的。

检查企业的管理，必须要关注以下三个部分：人才配置够不够、企业中人才的心性如何、组织设计与分工是否合理。这三个部分互相关联、互相支撑、互相牵制，也是管理中最容易出现问题的地方。其中，最根本、最难治理的是心性。在这里就“心性与管理”说说我的思考与见解。

在整个企业治理过程中，有一个问题值得我们去反复思考。大家聚在一起，为了追求共同幸福，积极地选拔人才，进行制度改革、组织再造等，但却将“心性”这部分给遗漏了，当心性得不到提升时，企业再调整也还是毫无生气，管理也难以看到成果。

1917 年 8 月，湖南第一师范最后一学年将要开始时，毛泽东给自己十分敬佩的、远在北京的黎锦熙老师写了一封长信。那是民国初年，面对与列强国家经济政治发展的巨大差距，政客们热衷于学习模仿西方的一切，忙于设置议会、制定宪法、选举总统、建立内阁、改革军事、兴办实业和改良教育等，表面看起来学了不少新办法，也引进了不少“时尚”的东西。但对此毛泽东却认为，从治国理政的角度看，所有这些都没有抓住根本。他说：“枝节亦不可少，唯此等枝节，必有本源。本源未得，则此等枝节为赘疣。”在毛泽东看来，虽然当时那些改革举措必不可少，但领导者们若没真正领悟和把握本质和本源，不懂得天下依何大道而动，则难以达到预期目的。他说：“欲动天下者，当动天下之心，动其心者，当具有大本大源。”

这里已经谈到了管理企业乃至于国家的根本——心性。

如果一名教师心出了问题，请问：即使动用法律，能够提高教育质量吗？

如果一名干部心出了问题，请问：即使上面三令五申，他能够为人民服务吗？

如果一名管理者心出了问题，请问：即使制度堆叠如山，能改善管理吗？

在企业混乱的管理局面中，要看到心的作用。不治心性，管理不能着力。而心性一旦爆发出力量，就会超越常人想象。上甘岭战役那么艰苦，为什么能打赢？而九一八事变、南京大屠杀时为什么输得那么惨烈？旧中国那个时代，很多人都在想办法，但是毛主席认为，要想救亡图存，动其心是根本。

像今天的学校，很明显遇到了一个发展障碍——老师的心。一个中学生突然就跳楼了，大家只是忙着推卸责任，心里没有丝毫感觉，没有为一个生命的离去而痛惜，每天依旧是麻木庸碌地往前走，没有人对结果真正地负责任。我们在教育行业很有感触，一些老教授常年给上面写信，反映教育问题，可写着写着就放弃了，因为无济于事。教育首先出问题的，不是策略问题，而是心的问题。

回到前面的话题，在整个社会模型中，人类想要追求幸福，如果心性不能转变，后继无论怎么构建，只能是相对地改善，没办法从根本上激活。管理，已到了关注心性的时代。

关于心的问题其实就是智慧和习性的博弈。六祖慧能大师说："何期智慧，本自清净；何期智慧，本不生灭；何期智慧，本自具足；何期智慧，本无动摇；何期智慧，能生万法。"所以心是本自具足的，这是现代管理学非常重要的理论依据，无论是管理学还是教育学，都要从这里发力突破。

人类的幸福不是制造出来的，也不是上天赏赐给我们的。它是在每个人本自具足的智慧恢复以后，自然实现的。所以德鲁克先生说：“管理的本质其实就是激发和释放每个人的善意。”管理是唤醒激活人的智慧，这是高端管理者要努力去做的。

当这颗“心”具足以后，人类就开始不断传承文明、运用文明、创新文明，美好的生活也就随之开始了。2020 年武汉战疫，各种文明联合上演：有西医又有中医，有建筑者也有志愿者，天使白、志愿红、守护蓝，三种颜色同时上阵。人心被瞬间唤醒，一切文明为我们所用，这就是世间最美好的图景。

管理者想要懂得人心、唤醒人心，必须满足一个重要条件——绽放自己的内心。给别人点灯的人，首先自己是一盏灯，考验的是自己内心的慈悲和智慧，用智慧唤醒智慧，用光明照亮光明，然后用智慧推动文明，做到内圣外王，事业就成了。

在每个人智慧回归过程中，还有贪心、怨恨、愚笨、欲望等习性不时出来捣乱，要学会在遏制中转化。在组织中，管理分为两个方面：一方面激发人的智慧，创造美好的生活；另一方面遏制人的习性，不让它干扰乃至伤害集体利益。激发智慧和遏制习性必须同步进行。

在管理一线，如果员工的习性得不到控制，就像种一块地却不定期拔草，此时庄稼就不能很好地生长。拔草和长庄稼是同时进行的，那么更多的精力应该放在哪里？是长庄稼。因为如果庄稼不长了，即使草拔得再干净也还会再生出来。

培养人的智慧是管理科学的一个重点，也就是德鲁克先生所说的，“如何激发释放人的善意”。激发他人的善意，首先要培养我们内在的慈悲和智慧，这是管理学要关键突破的地方。

我们的慈悲和智慧生发不出来是因为被自身的执念和习性给遮住了，所以管理出现了难点。

第一，执念很重的人，做不了管理。

第二，不坚持破除自我的人，做不好管理。

如果执念很重，就没有能力去激发别人善意，因为他被自我给遮住了。执念很重的人到了管理现场，如果他没有能力，就会逃避责任；如果他很有能力，就会伤害别人。我们经常根据能力来选管理干部，但是很多看似有能力的人却做不了管理干部，因为他的执念很重，在他身边的员工心很容易受伤，心不在，谈制度、谈计划都只是应付而已。

不坚持破除自我的人，做不好管理。想激发别人，先要改变自己，管理者的力量不能使错了。如果不坚持从自己突破，而一味外求，管理就会越急越错。所以，管理首先是管理自己，管理自己的不慈悲、不智慧。慈悲表现为体谅他人，通情达理，理解每一个人，关怀每一个人。智慧首先是无我，然后是利他。我们努力提升自己的慈悲和智慧以后，就能成为一个真正无我利他的人，用慈悲和智慧来引领员工、促进生产，管理问题就解开了。

一个地区的穷富和心性有关，一家企业的盈亏也和心性有关。心的不同状态导致了组织发展的好坏，当一家企业中所有人都是习性做主时，企业就快倒闭了。当一家企业中所有人都是智慧做主时，企业就会发展。

因为人心产生生产力、产生效率、产生幸福。管理科学要把精力放在人心上，这是管理的根本。我们已经知道，每个人内在都有慈悲和智慧，只在于如何去唤醒。那如何唤醒呢？就是传道。管理离不开教育，传道就是让人明理。严格地说，管理者一定要懂得传道，用传道唤醒员工的理性世界，引导他正确实现愿望。

企业必须要有文化，文化的主要作用就是传道。文化不只是写个手册，而是需要经常学习，达到哲学共有。稻盛和夫先生说："企业家要在企业内部确立正确的'思维方式'，确立正确的哲学，并不懈努力与员工们共同拥有这种'思维方式'和哲学。这样的话，企业就一定能发展，一定能保持长期的繁荣。"

管理除了传道还需要组织设计。组织设计有两个重要功能：第一，保证企业的效率，人尽其才；第二，通过组织设计充分遏制习性，绽放智慧。例如，做一个示范课比赛，在比赛中，人的智慧就绽放出来了。所以，在管理中要审查企业制度到底是用来保护人、激发人的，还是害人、压制人的。

总结一下：第一，人不明道，很难自觉。在管理中，人如果不能自觉，要靠人管，管理成本太大，也不长久。A 犯了错误，我们找到 B 管 A，对于 B 我们又不放心，于是又请来了 C，到最后队伍越来越大，反而容易失控。

第二，如果我们的制度只是控制而不能激发，就相当于只是拔草，庄稼却长不出来，工作没有效率，这样的组织设计一定会出问题。真正高端的管理，都讲人心，如何化人心、安人心和用人心。

安人心，安员工的心，让员工的心能够相对稳定、没有挂念地放在工作中。如果总是过度管理员工，会把企业搞乱，使员工没有心思工作。

用人心，用人的智慧。善安人心者可安企业，善化人心者可治事业，善用人心者可成大业。有了人心的力量，再开展组织设计、企业战略、年度计划，挑战高目标，管理效果就非常好。

如果管理单纯走解决问题的路线，就会陷入问题陷阱，越解决问题，问题就越多。只解决问题而看不到人心的存在是不行的，人的习性会演化成企业的问题，一切问题的背后都是心的问题。可是如果仅围绕习性问题进行对治也不够，因为这是一条没有尽头的路。

在生活工作中，我不止一次发现身边的管理团队太着急去解决问题，一上战场就忘记了心的存在，没有包容心，没有耐心，不敢接受同事出现的问题，只想直接解决问题，到最后一定产生对立。

真正优秀的管理者，随时随地都能激发人的智慧，这是因为他运用了本有的内在慈悲和智慧。他的慈悲使他能够感受他人，他的智慧使他能够看见对方本有的善良，并且能把它激发出来。管理如果只是单纯地在制度上发力，组织效率会非常低。

企业使命是企业在为员工着想、为顾客服务的过程中，激发善意（智慧）而产生的。我们学道，践行使命，就是为了激发智慧、化解执念。而提高自我心性，就是做好管理的秘诀。

一次大学生暑期培训，选年轻人做主持。因为他们是第一次主持，虽然很努力，但水平确实一般，当时就引起了我的评判心。多年的教育经验提醒我可以先不讲，让他们一次次地改正，后来就会变得越来越好。如果第一次就否定他们，后面的结果可想而知。所以做管理者，不能讲我对你错、我高你低，这些都是智慧不够而产生的对立心。对立心一旦和权利结合，就会发生可怕的事情。在很自我又很有权利的情况下，权利就会放大自我，企业也不可能有效率。管理的微妙处尽在这里。

越是高端的管理者，越是懂得修自己的心。“为学日益，为道日损。损之又损，以至于无为。无为而无不为。”当内在修无我（无为）时，外在的管理自然就理顺了，这是中国文化中的管理思想。无我，体现在工作中就是努力成就他人。判断一个管理方法对不对，外在就看它是否在努力地成就他人。心再好，结果不对就是我们的错，结果的呈现就是我们到底有没有执念的最好证明。

有的人一辈子做管理，却不知道问题在于自己，因为没有内求。所以，对于那些不能做到反省自己的管理层，企业当家人要慎用。尤其是那种自我很强大的人，位置越低对周围的伤害越小，一旦获得高位以后，对人的伤害就会变大。所以大家要特别小心，绝对要注意身处管理位置的人。不懂心性，几乎等于不懂管理。

很多领导者为什么晚年犯错误？是自我的这关没过。他的一生前期都正确，积累了经验，也把企业做得很大，与此同时，道高一尺，魔高一丈，他的自我也变得很大，这种自我后期就会形成对企业的破坏。中国管理文化和西方管理文化的差别在于中国文化看到了“自我”在管理中的破坏性，主张管理者要修无我，无我是心性的核心。

05　如何用无为法带领团队

在中国的管理文化中有，却是西方所缺失的一个重要内容，就是无为法，无为法在《道德经》中有详细讲解，可以称为《道德经》式管理，或者叫中国式管理。

无为法，没有多神秘，也不是不作为，它的关键之处在于用我们的慈悲和智慧把别人的善意激发出来。前面德鲁克先生和星云大师说的都是无为法，只不过一个是外，一个是内。为什么是无为呢？因为人的善意是本有的，不是外加的，把本有的用出来，借力发力不费力，没有添加，没有增加，所以是无为。

用智慧唤醒智慧，用慈悲激发慈悲，用正确的思想开启正确的思想。每个人的内在世界被唤醒，便可以无所不为。

运用无为法，当家人不是什么都不做。首先他必须是一个有大志向的人，有大爱的人，有正确的思想的人，能成就员工的人。当我们一直在立身行道时，当我们在竭力成就员工时，当我们敬天爱人致力于贡献社会时，企业就会进入无为法的管理模式中。

使用无为法，当家人必须修炼无我，并把修炼无我作为一种人生追求。如果当家人有很远大的理想，就足以照耀他人；有很正确的思想，就能用正确的思想引领混乱的思想；行动力很强，便能言传身教。在这个基础上，抓管理、做经营，各种事相就能有序运转。

楼宇烈先生写过一篇《什么是无为而治》，摘录如下：

无为而治有相当现实的意义。我们首先要搞清楚什么是无为而治，无为而治不是无所作为。在我看来，无为而治比所谓的作为更难。为什么呢？道家讲的无为而治，即不要用主观去干涉客观的事物，要充分把握客观事物发展的趋势，然后顺应这种趋势，推动世界的发展。在推动世界发展的过程中，可以实现人的愿望，这是更高级的无为，所以叫作“无为而无不为”。

“若吾所谓无为者，私志不得入公道，嗜欲不得枉正术。”（《淮南子·修务训》）

这就点明了什么是真正的无为。私志就是个人的愿望，以人类来讲，即人类的愿望。公是天地万物，公道是天地万物运行的根本规律。我们不能用人类的愿望去随意干涉公道。“嗜欲不得枉正术”中的“嗜欲”也就是爱好，“枉”就是影响、干扰。正术，即正确的规律。书中还有以下几句话：“循理而举事，因资而立功，权自然之势，而曲故不得容者，事成而身弗伐，功立而名弗有。非谓其感而不应，攻而不动者。”我们做任何事情都要遵循事物之理，也不见得一定能成功，还要看条件是否具备，环境是否适合。这就是道家的无为而治，用老子的话讲就是“辅万物之自然而不敢为”（《老子》六十四章）。辅助事物按照其规律发展，这就是无为而治。

《淮南子》中还提出了“权自然之势”的理念。达到无为而治的境界比想怎么干就怎么干要难得多。每个人都有这样的体会——我们经常好心做坏事。好心没错，但为什么会做坏事呢？动机跟效果为什么不一致呢？就是因为没有把握好时机，没有考虑到条件是否成熟、环境是否合适。有些理想主义者认为，只要是合理的、理想的就应该去做，而不知道即使理想合理，但若条件不具备，理想也不会转化成现实。老子无为而治的思想是要我们充分把握事物发展的根本规律。中国哲学中“势”这个概念非常重要。我们常讲趋势、势位，趋势是事物总体的发展方向，任何力量都阻挡不了，只能顺着势去引导。要想水不往下流是不可能的，但我们可以引导水往某个方向流，这就是顺着水的趋势推和辅。这样做既达到了人的目的，又符合事物的本性。

我们讲人事的时候，经常会讲势位，有什么样的位，就有什么样的势。即使说的内容相同，在不同的位置，说话的分量和作用也是不一样的，这就是势。每个人都要谨言慎势，明白自己的地位、身份。有的人振臂一呼，大家都会跟随他；有的人喊破嗓子，却没人理睬。法家分三派——法、术、势。我们常把术看作是阴谋诡计。其实，术是灵活的，是有很多正面东西的。老子就有很多术。适时变通来做事，这是传统文化中权术的本义。现在权术常作贬义词，其实权术的本义是正面的，也就是懂得变化，不仅要守住常，还要懂得变。常就是经，变就是权。“常”即永恒不变的原则；“权”是在不违背原则的前提下，根据环境条件采取的变通措施。在法、术、势里，术简单地讲，就是方法。人要做成一件事情，第一要心术正，第二要方法对。只是心术正，方法不对没用；仅方法对，心术不正也不行。一定要把心术与方法结合起来。

一家公司的管理，包括员工、顾客和外部环境，是在多种条件的组合下出现的，都不是独立运行的，与整个时代互动。公司的中心部分是董事长，四周围绕着核心团队，即骨干员工，员工外围是外部环境，再向外延，则与整个社会同频共振。一家企业一年能服务几十万个顾客，所以企业的任何一个产品，甚至是一个服务形象，都会影响到社会。基于这种特质，无为法更加方便有力。

从无为法的角度，作为公司的中心部分，董事长有他该做的事情：树立理想，确立正确的思想，践行无我利他，去担当，能等待，送祝福，观察内外起源……

为什么要无为？因为世界有很多看不见的力量。比如公司有20个员工，你只能看见他们当下的情况，却看不见他们的过去，不知道他们带来了怎样的机会，也看不见各种潜在的起源。

这时怎么办？用我们正确的思想和心愿引导员工，用我们的担当与榜样作用去激发员工。他们需要正确的思想来引导，需要远大的理想来激发，你的祝福正是他们最需要的鼓励。在混乱的环境中用无为法对每一个起源慢慢进行调整恢复。就像筛豆子一样，豆子在筛子里看着很乱，但只要轻轻地摇一摇，豆子一定会回到最和谐的状态，我们只需要一步一步去引导就够了。

无为法让一切事物没有被耽误，也没有被造作。当员工的正确思想被唤醒时，曾经的错误思想自然就被排除了。所以你陪伴在他身边，他就是最安全的。当你周围每一个人的智慧良知开始恢复时，团队的能量将无法估量。

除了团队之外，还有企业的外部缘分，你不知道遇到的每个起源是什么，你只能结缘于他，却无法了解他。在不了解的情况下，就按照无为法做你该做的。天只负责下雨，大地负责长树。雨下过了，树自然长。该是桃树是桃树，该是李树是李树，对桃树还是李树都不干涉。雨下完，桃是桃，李是李，一切都是自然的、最好的，这叫道法自然。

再往外展开，还有时代的大机会。时代的每一种起源和变化都不是偶然的，背后都会有很多声音向你传递信息，所以要注意观察。比如党的十九大、百年中国梦、2035 计划……都是中国的大趋势。我们怎么做呢？随缘而动。既然整个中国都要提速，如果我们的公司还故步自封，就是不合时宜的，没有顺从时代的缘，就会错失良机。一江春水向东流，你是江中的一叶小舟，你不需要会划船也能到达东海，因为这条江是流向东海的。只要不犹豫，不当泥沙，当小舟随着时代走就行。

顺时代，顺大众，也顺自己。用自己的智慧，用顾客的福气，用时代的机会推动，事业就会越来越顺，不动它都走，睡着觉花都开。但同时你又要做很多事，看起来像是有为，很忙碌，实际上背后藏着无为。用好无为法你就不会焦虑，也不会懈怠，很勤奋，也敢于等待。一叶小舟从武汉已经到了南京，不要着急说怎么还没到东海，到东海是必然的，只要这叶小舟在江中，它一定会到东海。所以说既不能不着急也不能太着急。不着急会错失时代良机，太着急会扰乱规律。

无为法怕什么？怕当事者没有理想。理想来自人的智慧，没有理想就是智慧被遮掩了。你智慧的灯灭了，周围的世界就亮不起来，众缘不能和合，公司的事业就起不来，团队也起不来，就像没有太阳的地方不长草木一样。周围的人不成长是因为他们的智慧没有被唤醒。所以无为法首先强调理想。团队因欢喜在一起，欢喜是因为每个人的智慧都在绽放。团队因痛苦而分离，痛苦是因为每个人的智慧都被压抑。每一个人本有的力量被压抑时，利他的能力和渴望幸福的能力就不能发挥出来。

你作为企业当家人，唤醒他人的善良和智慧，引领他去利益顾客、产生价值，引领他去成就幸福人生，这正是他最向往的事情。你没有强迫他，只是他的智慧被点燃了，被激发出了最大的力量。如果你总是去干涉，甚至想替代他，他的作用就被抵消了，当事者发挥不了作用，而你又很累。举个例子，这里有个花生，把花生拿起来，动作很简单，每个人都具备拿花生的能力。如果我总担心你拿错而握着你的手臂去拿，这就是对他人的控制与怀疑。他自己有没有可能拿错呢？有，但不怕，还有第二次。一旦拿对一次，他就会永远拿对。可如果你次次帮他，当你一放手，他就又不会了。

“弱者，道之用”，领导者要学会守弱，学会等待，哪怕他拿错了。在接受不完美中追求完美，在接受混乱中追求进步，甚至要以混乱来实现进步。因为混乱会激发人的上进心、惭愧心。

无为法要求当家人做到私心了无，不可以用执念来伤害大众、伤害顾客。同时，用你的理想和正确的思想去引领顾客奔向幸福。正确的思想是对他人人生的指导与呵护，理想能点燃他人的善良和智慧，这就是当家人要做的事情。当顾客不知道人生向哪里走时，你要用你的产品去陪伴他、帮助他、引领他。

作为领导者，你的责任就是要知道在什么时候定什么战略、说什么话。在时代最需要的时候率先站出来，在春风吹来时，带领大家走进市场。伴随春风，跟随顾客的需求，踏上前行之路。

怎么能找到起源？比如，东北喊出的口号是“振兴东北”。首先东北是必然要振兴的，即使没有我们，也会振兴，我们参与，就没有辜负这个时代。其次东北需要振兴，所以我们要挺身而出。起源有了，我们就要怀着一份初心去做，不会做不要紧，可以求教于天下贤者。不在于你会，在于你敢担。不能只陷入自己的思维世界里，要看清时势的走向。

然后再定战略目标就清晰了，战略目标看起来有为，深层还是顺从起源的。比如，企业要服务100个顾客，这是一件事情，这件事情的背后是自利和利他共同的作用。利他是满足顾客的需要，提供服务。自利是我们需要积累福气，破执念。自利和利他最终的成就点就是顾客受益，我们成长。以这个为目标，向这个目标发力。无为法对员工和顾客没有任何干扰，就像蜜蜂采蜜却没有损害任何一朵鲜花，鲜花蜂蜜两相得。带领团队时，多思考无为，则无为而无不为。

如果不知道从哪里着手，就先立志，再静听时代的声音。伟人在为时代指路，他们的眼光与见地高于我们数倍以上，我们没有他们的见地，就要善随其缘。

一家企业不能只以利益为追求，更要互相成就。一家公司最终的指向是顾客受益、我们成长，这就完成了既定任务。这是一种思维模式，在这种思维模式里，你不要担心机会不足，机会不足都是源于自我的思维，因为你没有看到时代，没有看到顾客的力量。当所有人都恢复智慧时，一个时代必将走向兴盛，当所有人都要当君子圣贤时，中国必然是世界第一强国，这是毫无疑问的。

无为法的名言很多：接受、相信、祝福、陪伴、等待、正确的思想、无我、理想、起源、智慧的观察、顺从、对、不早不晚、不重不轻、不多不少、不急不缓……这就是无为法，这样更容易实现目标。无为法会使你身边的团队越来越强大，大家心态都很放松，爆发力却很强。

《道德经》说，“上德不德，是以有德”，“上善若水，水善利万物而不争”，“弱者，道之用也”，等等。《道德经》谈了很多的无为法，守弱又守强，守强又守弱，完美又不完美。完美的是心，是智慧，不完美的是事，是接受现实。人必须要保持清醒，要学会适时地糊涂，是糊涂还是清醒，也要看当时的起源。

06 市场困难的真相与机遇

人类生活在大自然中，一直追求美好的生活。想要过上美好的生活，就需要两个特质——勤劳和智慧。

勤劳就是从大自然中不断努力地汲取资源，以改善我们的生活。智慧就是汲取资源的技术与产品制造。例如农业，我们把种子播撒于大地，运用先进的农业技术，勤奋地耕耘，于是大地给了我们粮食，我们用粮食加工成各种美味食品，就有了美好生活。工业也是如此，只是工业汲取的资源无法再生。

资源在流转过程中，有一个名字叫财富。财富的“实物”由所有美好生活必备的物质组成。它的“虚物”是什么？是货币。货币不是真实存在的，它是资源流转方便的媒介。看清楚这个整体过程以后，就知道人类的基本生活生产模式是怎样形成的。

那么，为什么会出现市场危机呢？

第一种情况，天灾、人祸。如海啸、疫情、地震，这时候人类过去种下的恶种子爆发，生命遇到威胁，即使拥有获取资源生产制造的能力，也不能再使用资源，无法进行正常的劳动生产。就如一个本来健康的人，突然得了重病，给他一桌美食佳肴他也享受不了。

第二种情况，人类忘记了和大自然资源互动的本职工作，不勤劳也不运用智慧了，而是把货币当作追逐的对象。就如村子里没人种地，都想靠倒卖粮食发财。买卖粮食的人多了，种地的人少了，都进行资本运作，这种情况就会导致经济衰退，财富总量下降，供少需多，于是出现了贫穷。造成这种情况的根本原因，是人类的思维方式出了问题，将勤劳和智慧弄丢了。

第三种情况，目前没有，但将来可能会有，就是大自然所有的有效资源被榨干，对人类的供给严重不足，人类文明走到了尽头，这是最可怕的情况，基本无解。

第一种情况的天灾人祸能过去，只要人类受点苦，过去以后再回到原来的模式里就没事了。

第二种情况也能过去，人类在经历经济萧条以后，会反思反省，那些玩买空卖空的商家自然会退出市场，只要回到勤劳智慧模式，脚踏实地，慢慢就好转了。

第三种情况，则需要人类感恩大自然，与大自然持续互动，规划未来，考虑资源危机，早做准备。

了解这些过程以后，就知道解决问题的方法是什么。

第一，天灾人祸来到了要挺住。它是短期的、阶段性的，一定能熬过去。比如新冠肺炎疫情，只是范围广、时间长。人类已经是命运共同体，我们的市场肯定会受到冲击，但问题并不是无限期的。从前面的整体框架图来看，解决方案之一是平衡内需。企业与企业、地方与地方、国家与地方，大家共渡难关。你家没粮我家有，互相借一借，大家一起吃，吃到明年春天种地，种完再还，回到正常模式就没事了。要团结作战，大家好才是真的好。

第二，中国在复工复产，可全世界经济遇到困境，外贸走不动了，这时候要过紧日子，再次运用人类的勤劳和智慧，向大自然要资源，向农工业要生活。

这时首先要运用智慧。智慧就是把生产制造指向人民刚需，什么最需要就先生产什么。人类所有的需求都指向美好生活，但美好生活也有它的次序，有基础的部分，还有高端的部分，要先保基础。就像一个家庭，一定是先买粮食，再供孩子读书、买家电、买房买车、买奢侈品。

需求端发生了变化，企业作为供给端必须做出紧急调整。哪些先生产，哪些后生产，哪些暂时不生产，要全面打算。企业因为“需求”而存在，特殊时期的市场一定有其特殊需求。不能准确观察需求，及时做出战略调整，就是企业智慧不足。

勤劳就是不断地抓生产、抓销售，尤其在降低成本和市场销售上，要加大力度。一旦企业在市场流通环节出现淤堵，就容易陷入恶性循环。

这时因为国内的供需链无法与全球正常流动，资源和财富流动必然暂时受困。因此，要通过勤劳和智慧，把中国作为一个暂时独立个体，以渡过难关。

因为全球的资源分布不均，每个国家人民的勤劳度和智慧度也不同，所以出现贫富不均。世界上有两个地方最容易富裕：第一个，资源存量最大的地方——中东。第二个，最勤劳智慧的地方——日本。日本虽然资源短缺，但是勤劳智慧。中国则两者兼备，有资源，同时通过40多年的改革开放，人民的勤劳智慧也够。

如果我们充分利用本土资源，借助内需，发挥我们的勤劳与智慧，就不会有大的波动，只是我们的国际贸易收入会下滑，高端产品需求会下降，但基本生活的自给自足不会有大的问题。

根据人与自然的整体模型，企业要考虑到自身所在的农业、工业、服务业的暂时布局与变化，运用智慧准确做出市场判断，更加勤奋，努力激活全员内外的潜力。

疫情期间，中国是全世界第一个走出困境的国家。中国是一个资源大国、农业大国、制造业大国，这些先天条件决定了，全世界第一个走出经济困境的必然是中国。第一个走出困境，同时又练好了内功，等其他国家走出困境时，中国已经蓄势待发了，等于在全球经济衰退时，中国第一个脱困，等到全球经济复苏需要我们帮助时，我们已经准备好了，可以以物流贸易支援他人。这就是人类命运共同体的意义，中国的有序发展，可以激活全球经济。

在全球风波中，中国的企业如何定位？了解了前面的分析模型，我们就知道自己的责任了。图生存、蓄力量、练内功、壮筋骨、谋未来。

那么企业之间比什么呢，谁能够在困难中活下来，谁能够保存实力、蓄积力量，谁能够苦练内功、降本增效，谁能够筋骨强壮、凝聚人心，谁能够高瞻远瞩、放眼世界，谁就是未来的大赢家！

中国经济，必将引领全球。

万亩良田，看谁是高手！

第二卷

问道108

——常见『企业经营问题』及其『智慧解答』

Q 1. 一家企业，领导兢兢业业，员工任劳任怨，企业就是停滞不前，是什么原因导致的？

A **答：**效率出了问题。

没有效率是因为做了很多无效动作。为什么分不清哪些动作是有效还是无效的呢？因为整个企业的使命不清晰。

一家企业怎么看它的动作是否是有效的？用使命来看。企业首先要定使命，符合使命的动作才叫有效动作，所有不符合使命的动作都叫无效动作。

使命三要素：顾客定位、需求分析、产品设计。

如果工作不是围绕这三要素展开的，那么做的很多事情就都是没有用的，没有用就会导致顾客不满意，顾客不满意企业就无法良好发展。

回归使命，来看企业整个的生产经营计划是否合理，由此分辨出是有效动作还是无效动作，从而减少无效动作、增加有效动作，这样企业效率就会不断提高。

勤奋是非常必要的，但关键是要正确地勤奋，依照使命而行。

一家企业明确使命是非常重要的，使命不清晰的企业效率必定会很低。所以，出现停滞不前状况的企业，一定要聚焦于使命，让企业内部所有行为都回归到使命上，问题就自然化解了。

Q2. 传统文化能帮助企业解决哪些问题？怎样落地？

A 答：传统文化能帮助企业解决以下三大类问题：

第一，文化能提升企业家个人的心性、思想和境界。

文化在整个企业中非常重要，稻盛和夫先生说过，“企业家有什么样的心性就会做出什么样的企业”。一个企业家的思想深度、境界高度会决定企业未来命运，这是企业和企业之间真正的差距。有一个企业家曾经非常深刻冷静地说，“我们公司和华为的差距就是我和任正非的差距”，确实如此。

差距要用文化来补，文化能提高人的心性，能加深人的思想，能提升人的境界，这本身都是文化所具备的功能。当文化改变企业家的时候，企业也就随之而改变了。在国内我们做过很多这样的试点，对一个企业家进行连续一到两年的训练以后，会发现他的企业整体都发生了变化。

第二，文化能帮助企业找到整体运行的规律。

虽然企业是近200年才出现的，但是天地万物皆有其道，而这个道需要去悟，悟企业之道。

家有家道、国有国道、企有企道，企业之道能悟透的时候，这个企业就能依道而行。依道而行诸事可成，而道来自文化。

第三，文化对于培养员工的作用非常大。

聘请员工首先看职业道德，然后才是事业技能。当一个员工缺乏职业道德的时候，企业会很困扰。若是开除，企业会很缺人，若是留下，员工做的很多事情企业又接受不了。这时该如何提升员工的职业道德？中国的传统文化恰恰在这方面有很多的方法。

文化本身就是以文化人，具有化人的功能。像古代的圣人，本身都是大教育家，教育出很多优秀的弟子。我们可以把教育家的思想传承下来，用来化员工，道理是一样的。很多企业导入文化以后，会很快发现员工整体素质提升了。

怎么来落实呢？

先要学习，《论语》说：“学而时习之，不亦说乎？”即从“学”开始。企业家要学，企业整体要学，员工还要去学，学了以后照着做，要“实习之”，能够“实习之”就可以“不亦说乎”。从这里下手，问题就解决了。

Q3. 如何使一家面临重重困难的企业恢复生机?

A答：这种情况下不着急动，先找到困难的真正原因，如果找不到原因，所做的动作很可能会使问题加剧。困生杂念，越是在困苦的时候越容易产生一些虚妄的想法，认为这么做能解决、那么做能解决。正是错误的想法，才把问题变得更加不可收拾。

首先停下来看一看，问题从哪里产生就从哪里解决，就像一个人得了病一样，要知道病源是什么。例如，你家门前有条河，河水被污染，喝了以后导致脏器出了问题，这时候想治病，首先就不要再喝河水了，这是一个基本的道理，要找到病因。

一般来说，病因主要有两个：一个是表层的；另一个是深层的。表层的病因是什么呢？就是企业的整体运营，非专业化、非标准化、非道而行。非专业化就是企业整个使命、战略、计划、运营、管理都不是按照标准规律而做的，都是自我的一些想法，但不符合事物发展的规律。企业发展是有规律的，没有走在规律上就会出问题，因为企业没有依道而行。深层的病因就是企业在过去的经营生产中做了很多对社会不善的行为，这个在文化里叫恶因，恶因长期大量积存，达到一定点的时候会集中爆发，这种集中爆发会导致整个企业的崩塌或倒闭破产。这时，作为企业如果不能使这些恶因停止产生，就会不断遇到这种情况。

表层和深层两个方面都要采取措施。从表层上让企业回归正道，而不是自己想当然地认为企业该怎样运行、行业是什么样子，应该出去学习，找专家、找顾问。深层方面要把损害到未来的所有恶因都停下来，如果停不下来，事态就会变得越来越严重。

本身不了解这些，事情就不好解决。困难不怕，最怕的是不知道困难因何而生，找到困难的来处，就能知道从哪里化解。当下要从这方面开始想办法，而不是着急借钱贷款。在错误的路上行进，只会越错越多。当下能够去制止，能够暂停一下，或许是更好的选择。

Q4. 在现代社会商业竞争中，现实和理想不统一怎么办？

A答：现实和理想本身就是不统一的，理想是远方，现实是当下，当下和远方的差距就是要去克服的。我们要做的就是基于现实、突破现实。人生的意义在于成长，很多所谓的不统一，是因为有贪心，希望一切都来得很容易，但这本就是不可能的。

现实在朝向理想发展的过程中，一定有很多障碍，而这些障碍是必须要面对的。理想代表蓝图，代表未来的规划，而现实代表种种的不足、障碍、不如意、不正确。正是因为有了这些不如意，人生才更加有意义。如果没有这些障碍，那人生就会随波逐流。

有意义的人生不在于一帆风顺，而在于能不能在突破困难中成长。把你曾经不能克服的，终于克服了，这才是真正的成长。千里之行一定始于足下，百尺高台一定起于垒土，千里和足下的关系，就是未来和现实的关系。

Q 5. 疫情期间幼儿园老师面对经济压力离职该怎么办?

A **答：** 古人说事物是变化的，要学会应变。中国有一部经叫《易经》，说“穷则变，变则通”。穷不是穷富的穷，是穷途末路的穷。原有的模式遇到障碍，这时要想办法去变，回到本来的规律上。

不管是一个企业还是一家幼儿园，都是供需的互动，以供对需，以需找供，这是本来的规律。虽然疫情使得幼儿园不能运转，但需求还在，家长不知道孩子在家里该怎么学习和成长，所以需要帮助。看到需求的存在，重新建立新的服务模式，幼儿园就可以正常运转下去。比如提供家庭服务、上门教学都可以，这样损失会稍小一点，可能暂时营收没有那么大，但不要紧，能度过。

重新建立供需的服务链条就能走过这段困难期，疫情过后就可以恢复，否则看不到需求，就看不到变化的空间在哪里。要随需而应变，供给要随着需求走，需求动了，供给就要动，问题就解开了。不仅是幼儿园，所有行业都是这样，当需求方遇到困难时，正是供给方要做出及时调整的时候，这样思路就清楚了。

Q 6. 如何系统地梳理和建立企业文化?

A 答：首先要明白企业文化是什么。企业文化在中国文化中就是理和事的关系。企业本身是事，是一个事物、一个组织，组织背后有规律、有道，就像太阳、月亮，运行都有规律，万事万物都是有规律的，这个规律叫作道，也叫作道理。企业文化是把企业事物背后的道理梳理出来，让企业能够在道上行进。让花像花一样成长，让树像树一样成长，让企业像企业一样运行，企业文化本身说的是企业背后的大道。

再往下细分，企业还有很多具体的事物，比如研发、生产、制造、销售、团队、教育等。每一个事物背后都有对应的理论，如果理论不清楚就会导致企业决策不清楚，导致员工对事物判断失误。为了保证决策正确、保证员工行动的一致性，需要对事物背后的理论做一一阐述，并对员工讲清楚，这是企业文化的细分部分。

企业文化既有对企业整体事物背后原理部分的描述，也有对企业每一个重要事情背后原理的解析，我们称之为“理事圆融”，事就是企业的各种事情，理就是企业背后的原理，让理通达和事物能互相吻合，做事情就会很有效率。理事圆融，诸事可成。

要把企业文化背后的原理部分学透，学完后和企业进行对接，落实出来变成手册，编完以后让员工集体学习、反复研讨，弄明白后转入到工作计划中。

企业文化和工作计划互相结合，一个说的是理，一个说的是事，理事互动，以理明事，以事托理，企业效率就会提高。这么看这个问题就看明白了。

Q 7. 企业家如何提升自身格局?

A 答：所谓格局这是心的问题，对境生心，心随境转，想要改变格局首先要改变外境。有三种常用方法：

第一，和有格局的人、老师经常在一起。向他们学习、靠近、交流互动，在一起的时间越长，格局就越大。

第二，交有格局的朋友，互相勉励。朋友之间是互相影响的，如果朋友都是没有格局的人，就要远离。交什么样的朋友很重要，想做一个有格局的人就要交有格局的朋友。

第三，亲近大众，走近顾客。

格局不是野心，格局是心里装了多少人，装了多少人的需求、悲喜、忧愁、向往。如果走近他们时能感受到他们内心的渴望，把他们装在心里，格局就提升了。大格局就是心里装了很多人，小格局就是心里没有装多少人，没格局就是心里只装了自己。

当年毛主席在读书的时候经常说一句话“万家忧乐总关心”，万家是一个虚拟词，表示天下所有人家。毛主席非常亲民，经常和百姓在一起。他告诉我们要密切联系群众，而且方法很重要。

这三种外境都可以改变格局，要经常见自己的老师和大人物，和有格局的朋友互动、学习、交往，走近顾客，走近百姓，久而久之格局自然就能提升。

Q 8. 现代的年轻创业者总感觉管理上执行的标准与自己的要求相去甚远，这是为什么？该怎么解决呢？

A **答：**作为管理者，有一个非常重要的职责，就是育人。如果不懂得育人，管理就会出现这样的问题。专业育人包括两方面内容，一个是“教”，一个是“育”。

教，先教思想，再教核心技术。

思想就是告诉下属同事做这个事的目的是什么，把思想的结打开，然后告诉下属同事，事情如何做好，标准是什么，如何完成，把整个标准教一遍，就算完成了教的部分。

育，亲自实践。

在实践过程中因为不熟练会出现很多小错误，或者说了十分，但下属同事只理解了六分，做起来还有四分的差距，就会露出破绽来。就像考试，老师讲的课程，孩子考试不可能都得一百分，可能有七八十分的情况，因为上课没有听懂，所以这时要育。育是调整，把似懂非懂、没有完全理顺、不太熟悉的部分通过不断地育，推行到标准化，育到能够完整执行。

当员工所做的和管理者所想的出现不一致时，要先问：“我教了没有？”“我教的对不对？”再问：“我育了没有？”“我育得对不对？”如果教对了、育对了，问题一定能够解决。教和育需要时间投入，这个时间投入是值得的，可能花三天时间教和育，那以后一年就不用再费力气了，可如果三天时间都不花，未来一年他们都可能会重复犯这个错误。

教人和育人是对管理者的基本素质要求，必须要经过这种训练，才是一个优秀的、称职的管理者。问题出在这里，从这里解决就可以。

Q9. 企业当家人有时有力量，有时情绪低落，这是什么原因？如何进行调整？

A 答：人感觉有时有力量、有时情绪低落是很正常的，就像潮水，有潮起潮落；像月亮，有阴晴圆缺。人生也会有变化，可能一段时间觉得自己非常有热情，一段时间又觉得很低落。要学会使用自己、管理自己、反省自己，当情绪高涨时要去画蓝图、定计划、展望未来，尤其要和员工进行沟通，激励他们，用热情点燃热情，把握好时机。当情绪低落时，不要跟着情绪走，回到职业状态。就像一个齿轮，本身是独立的，可能单独会转不动，但放到整个链条上一带动就好了。该干什么就干什么，该开会开会，该工作工作，只是可能不像平常那么有创意，但不需要一年总有创意。这时要学会管理自己、反省自己，不要发脾气，不要太顺着自己，这才是职业人的做法。

当情绪不好时，一定要记住，该做什么就做什么，这才是应有的状态。只是这时不适合做激励和重大决策，等过了这段时间，情绪上来后再去展望未来，再带领大家就可以了。要学会使用不同时间段的自己，了解自己、运用自己，这样就能把人生经营好，经过这种长期训练后，慢慢地，这些问题就不再是障碍。

Q10. 现代的年轻创业者遇到问题难以决策时，总会特别怀疑自己的决定，无法做出正确的商业决策，这是为什么?

A **答：**一般来说有两个原因。举例来说，在熟悉的城市开车到一个目的地很容易，但在陌生的城市找一个目的地，如果不使用导航就可能会迷路，这是因为不知道终点在哪里，所以不能做出准确决策。怀疑自己的决定是因为自己不知道或者不完全知道答案在哪，就好比答一张卷子，会答的题答得都很好，不会答的题就踌躇，是因为不知道题的答案是什么，但对于答案掌握得很清楚的人来说就不会有这种踌躇了。

表层原因是对事业驾驭不了，所掌握的知识、经验、智慧不足以对正在从事的项目做出准确判断，工作不能完整地推行下去。

深层原因在中国文化中叫种子。过去有妄语的因，就是不守信，说了很多欺骗别人的话，或者满怀很多不切实际的理想却没有真正去落实，当和别人做新的事业蓝图时，种的这些因就会使信心不足，即信心不足是诚信不足造成的。

解决第一个问题的方法就是要学习，要干什么就学什么，先学后干，绝不要先干后学，造成时间的浪费。解决第二个问题的方法就是要守住诚信，对自己说的每一句话都负责任。一个能守住诚信的人，以后做决策时就会越来越明了、越来越果断。说不诚信的话是在伤害自己的心，心变得没有力量就会出现这种症状，调整回来就可以了。

Q11. 在中国有很多家族企业，其中有的企业股东都是亲戚，因为对企业的经营思路不一致，经常会有争吵，产生矛盾。这种情况下，是该分开各自发展，还是共同发展呢？

A **答：**这个问题的根本不在于分与合，是家道、企道出了问题。最可能的问题是家族内部没有家道。中国文化里不主张兄弟不和，古人说："兄道友，弟道恭，兄弟睦，孝在中。"古人又说："财物轻，怨何生，言语忍，忿自泯。"一个家族内部如果有孝悌之道，自然就和谐了。

这种家族企业的情况我遇到过，后来调了家道后就改善了很多，改善后能把企业的运行规则规划出来。企业发生争论是因为既听董事长的，又听股东和CEO的，但他们说的未必都对；要听道的，在共同正确的思想指导下就好做事了。如果大家都不了解这个事物的根本做法，就会莫衷一是。所以经营企业和家庭都要学习，学习好了问题就解决了。分与合未必能解决问题，要了解问题由何而生、如何解决，这么做判断就准了。

Q 12. 在企业中，上下层对未来发展方向没有达成共识，内部存在较大矛盾，团队意见不统一，这是什么原因造成的？怎么解决？

A **答：**这个问题不是上下级有没有达成共识的问题，是决策层的问题。决策层的责任是洞见未来、判断方向、做出最准确的决策，这不是员工的工作，员工没有这个能力。深层原因我们叫“盲人摸象”，六个盲人摸象，摸不出一个答案来。

所以这个问题的解决需要当家人“睁开眼睛”，洞见未来。要么“走出去”，要么把专家顾问“请进来”，向人家学习。自身不了解自身的问题往往会成为企业发展最大的障碍，甚至是陷阱。不学习、不提升高度是不行的，古人说：“不畏浮云遮望眼，只缘身在最高层。”只有身在最高层时，才不会被浮云遮望眼，才能一目了然，才能看得清楚。出现这个问题是自身高度不够，所以要提升高度，这样就能看懂了。

Q13. 请问，一个把钱财看得很重没有信仰的企业当家人，未来会怎么样？

A **答**：这种只认钱的朋友，他未来可能会有钱，但不一定能保住这些钱，因为他还不明白钱的真正意义。即使他有了钱，也不知道钱是怎么来的，会怎么去。如果他又没有信仰，在物质比较充足的情况下，精神世界可能就会空虚、不快乐，这是容易出现的问题。

另外，这样的朋友未来家道可能会不容易传承。真正的家族传承不是金钱，而是道和思想。如果没有道的传承，家族未来能走多远不好说。

这种状况基本是不被看好的，是有风险的，希望能够早做改善、早做调整。

Q14. 企业当家人该具备怎样的格局和气量?

A 答：首先，企业当家人格局和气量的最高层次就是能够关心整个人类的命运和发展，以人类的未来作为商业决策的支撑点。其次，企业当家人能够想到国家、想到民族、想到企业能为国家和民族做些什么。再次，他能考虑到行业该何去何从，未来将怎样发展。最后，他能考虑到企业所有员工的生活、幸福、家庭和未来，能想到这些也算很有格局。

没有格局就是只有欲望，没有想到生命层面的东西。格局有的是与生俱来的，有的与少年所受到的家庭教育、社会教育有关。人到中年如果再想转变格局的话，唯一的方法就是学习，通过学习增长见识，开拓视野。因为格局会影响决策，影响制定未来的战略，也影响企业未来能否有更长远、更深和更广的发展。

格局和气量是不好改的，需要条件或贵人的出现。企业当家人能够意识到自己格局不够就好提升了，现在多数人都没有意识到这个问题，糊里糊涂地走了一辈子，到后来才发现事业没有打开。所以，学习是提升格局和气量比较快的方法，但这还是要靠个人的主观意愿。

Q 15. 企业当家人如何快速建立正确的知见？

A 答：正确的知见一部分是对宇宙、社会、自然、国家外在世界的正确认识。它既包括对恒定不变规律的认知，也包括对当下变化趋势的认知。只有了解社会发展的大规律，看到当下发展趋势的变数，才能对外在世界有一个准确的认知和判断，从而得出根本答案。这个答案不是个人观点，而是来自宇宙的根本规律，企业当家人想要快速建立正确的知见，一定要经过这种学习。

正确的知见另一部分是对生命的正确认知与实践。企业当家人要了解生命的真相、如何到达生命的真相、如何运用这个原理来实践自己美好的人生，这个可以作为正确的知见。想要拥有正确思想，就要向人类历史上有正确思想的人学习，比如圣贤，他们有正确的思想，把圣贤的书作为参照，不停地深入研究经典，就能够智慧如海。

获得正确思想的唯一通道就是向圣贤学习，以圣贤为正确思想的基本坐标，就能够去回看人生、展望世界。

Q 16. 企业当家人学习传统文化从哪里入手？

A 答：如果想学习传统文化，有两点建议：

第一，五伦八德是中国儒家文化的根。五伦就是父慈子孝、夫义妇德、兄友弟恭、朋友有信、君仁臣忠，这是五个基本的人伦关系。八德就是孝、悌、忠、信、礼、义、廉、耻。这些文化内容既实用又深刻，对于修身、齐家、治企都非常实用。

第二，要研究种子法则，把种子学透，了解宇宙和人生的规律。比如稻盛和夫、苏格拉底等，他们都对种子有着深入的学习，从而改变了自己的人生观。所以，一个深明种子、深信种子法则的人，才能够真正契入文化，这也是文化的根基。

以上都只是个人经验，不是唯一定论。这些年从很多学习文化朋友的反馈来看，他们在种子和五伦八德的学习中受益匪浅，感觉悟透了人生，提升了生命价值，增加了幸福感。《弟子规》这本书融会了两家的学术和思想，用起来很方便，可以把它作为力行手册来使用。

Q17. 企业家与员工如何实现哲学共有?

A 答：当家人自己先要实现哲学共有，自己能够领悟哲学。因为哲学这个部分首先要求的是当家人，它包括企业和社会之间的责任、关系、规律，也包括企业和员工的关系、责任，还包括企业当家人自己对生命的追求，就是清楚“人为什么活着”。

这些内容都属于哲学部分，如果企业当家人不能够悟透、厘清的话，想和员工实现哲学共有是很难的。当家人弄懂后，接下来就是要把哲学共有背下来，把它变成一个基本的常见的语句，像背诵经典一样。背完后要经常去研磨、沟通，通过讨论的方式，让所有员工建立起哲学共有的思维方式，然后把这些思想转化为企业的实践，落实在制度和工作计划中使之。

在工作进展一段时间后，可以停下来，再次讨论在工作中是如何运用哲学的，哲学对工作的指导有哪些，理和事并行。学一学习一习，习一习学一学，学而时习之，用这种方法来实现哲学共有。

实现哲学共有基本有三大步骤：

第一，当家人自身要悟透哲学部分。

第二，员工学、参、交流。

第三，习的部分，就是在工作中落实的部分。

在习中再反过来学，学一习一习一学，反复进行，持续一段时间后，基本就能完成哲学共有了。

Q 18. 企业当家人学习文化的步骤是什么?

A 答：学习文化有两大步骤：

一是正知。

二是正行。

知在前，行在后，知为先，行为重。行的部分要加重，比如三分知七分行。知和行这两大步骤是反复的，再知再行，再行再知。

文化本身并不复杂，但是大道至简、微言大义，简单一个字中，就蕴含了很多意义。比如孝、仁，一个字就要悟很长时间。在知中去行，在行中去知，反复推动后才能把文化弄明白，这是一个循序渐进的过程。学好文化可以改善自己的生活和事业，这就达到目的了。

Q19. 企业家该具备怎样的品格？

A 答：企业家最大的品格首先就是初心。对外对社会担当的责任心，对内对员工幸福的责任心，这两个初心如果没有的话，就不能说是一个有高度的企业家，而只是一个做生意的。一个企业的发展都是有其原因的，对外要担当社会责任，对内要对组织内所有成员的未来发展负责，这两个责任必须同时负担。担当责任是企业家的第一品质，如果没有担当责任，那企业当家人就不是很称职。

在初心的基础上，还要有智慧。既要有宏观决策的智慧，知道企业该如何运营与发展，如何能够兴盛、与时偕行；还要有对行业的专业智慧，比如，干金融要了解金融行业，干生物要了解生物行业，干什么就要了解什么。

初心和智慧都具备后，企业家还要修身，不修身事都不能成立。“自天子以至于庶人，壹是皆以修身为本。”没有修身，初心和智慧就不容易出现或者出现了也不能持续，不能变成持续可用的专业能力和专业领导魅力。

一般来说，有初心、有智慧、有修身，基本就可以了。可以再去学一些其他方面的知识，这在很多书上都有介绍，我说的只是三个根本要素，基本如此。

Q 20. 企业家应该是有信仰的人，有哪些信仰值得企业家去参照和学习？

A **答：**问到这个问题，很多朋友可能会想到一些宗教组织，但如果真要有信仰，我觉得应该信仰真理。真理在世间是以圣贤为化现的，圣贤的经典著作就是真理。真理是宇宙的根本法则、人生的根本规律，可以把这个作为信仰。

信仰本身不是一个坏事，不是说这个人有信仰就有问题，没有信仰反倒很可怕。有信仰意味着和真理同行。在一生中，无论对于国家、社会还是个人来说，有信仰的人是有价值观和负责任的。没有信仰的人做事情会随意而行，把维护自己利益作为一种常态，这很容易伤害别人，并最终使自己也受伤。

信仰的根本是信仰真理，如果没有真理层面的信仰，其他所谓的信仰，在我看来都是有些危险的。我觉得还是信仰真理最简单、最安全。

Q 21. 如何能够读懂读透《使命与初心》?

A **答:** 要读懂《使命与初心》首先要听课，这本书是有课的，听课的感觉和读书的感觉是不一样的。还要反复读，最好是和几个朋友一起来读。另外，文章后面留了很多题，这些题要经常讨论，并转入实践。

这本书是用于实践的书，是结合中国文化而写的，如果在没有中国文化根基的情况下看，有些部分可能会看不懂。多学习中国文化后再看这本书，理解就会更快一些，并且在实践过程中运用得会更好。

大家也很难做到读完书后就马上明白。所以，不用着急，读多少用多少，边悟边读，边读边用，随着时间的推移，慢慢就能够明白。

Q22. 企业者的经营心法是什么？

A答：一般来说企业者的经营心法有三心，即自己的心、顾客的心、员工的心。

自己的心。

首先要管好自己的心，有一颗善心、清净心，不要有污浊心和恶心。如果自己的心管不好，所表现出的语言和行为就一定会伤害他人。对自己心的管理在古代叫“内圣”，也叫“明明德”，《大学》里讲的“大学之道，在明明德”就是说的这个理。

顾客的心。

要知道顾客的心愿是什么，顾客在想什么、希望看到什么、希望企业能为顾客做什么，这些问题明确后才会有产品研发、产品设计、解决方案及整体策划。

员工的心。

要读懂员工的心，要知道员工希望过上什么样的生活、如何实现员工幸福、企业如何领导员工。读懂后就会知道员工犯错该如何规劝，有善心后该如何激励。

这三心就是经营心法应有的态度。三心归于一心就是自己的心，也就是内圣的心、大悲的心。有了大悲心后，就会想帮别人，给别人带来幸福欢乐，也就为企业经营做好了准备，最后再加上专业能力就可以了。

Q 23. 值得我们学习的当代企业家有哪些？

A **答：**现在比较推崇学习的当代企业家是日本稻盛和夫先生，他一生做了两家世界 500 强企业，并且拯救了第三家 500 强企业——日航。更难得的是稻盛和夫先生还是一个思想家，他不仅讲商业，也讲思想、哲学、人类发展方向和企业家个人修身问题，像他这么全面的思想家、企业家很少，所以大家都比较推崇他。

追溯历史，我们比较推崇学习陈嘉庚。陈嘉庚在东南亚做橡胶致富后，捐献出全部的钱用来建设厦门大学，留给后人，对国家和社会做出了巨大贡献。解放战争时期，陈嘉庚一直支持共产党，他知道中国走向未来要依靠共产党的领导。这样的企业家值得我们学习。

Q 24. 怎样理解企业家既是思想家又是教育家？

A 答：思想家说的不是观点，而是思想。每个企业家都有观点，但未必是思想，思想的特征是源于圣贤、用于实践，要在实践中改变现实生活，给员工带来幸福，推动社会前进，否则就都只是个人观点和事迹而已。思想家能够亲近圣贤，向圣贤学习，并把圣贤思想贯彻到一生经营的事业中。

教育家在做事业的过程中，会把思想传递给员工、员工家属以及顾客，并通过顾客传递给社会。教育家对社会是有影响的，他能培养很多人，改变他人命运，提升他人思想，也为人类幸福做出很大贡献。

所谓教育家，前提一定是思想家，把思想转为弘道，能够育人、成事。企业家既是思想家又是教育家，一定要跟随圣贤学习，学过经典文化，并且是一个勇于实践，在实践中获得成功、做出贡献、带给他人幸福的人，这样的人就可以被称为是真正的思想家和教育家。

Q 25. 为什么说“远学德鲁克，近学稻盛和夫”？

A 答：追溯历史，我们会发现西方的管理学科的建立比中国早了大约300年。从亚当·斯密时代就开始了对管理学的研究，从对物的管理研究转向对人的研究，包括后来出现了企业文化管理和管理丛林。并且，西方也出现了很多非常优秀的管理专家，其中以德鲁克为代表。

德鲁克先生被称作“现代管理学之父”，他既有宏观的思想，也有实践的经验，这在目前的中国是比较缺乏的。德鲁克先生的很多书是20世纪出版的，到21世纪，中国很多企业家还没有读过也没有学好。应该多向西方学习，因为西方在经验上多于中国。中国近200年一直是在战乱和保家卫国的状态中度过的，真正改革开放才只有40多年，想追上西方就要尊重历史，要学习西方的先进经验。

“近学稻盛和夫”是因为稻盛和夫先生所用的思想源于中国文化，他把中国文化和现代商业进行了结合，做到了中国文化完整应用在商业中。因为中日在文化上相通，中国人学习稻盛和夫的速度会比较快，稻盛和夫的文化功底和商业经验都是可以借鉴的。

稻盛和夫先生被称作当代的经营之圣，他与德鲁克先生都是值得学习的对象，现代人再想获得两位大师所取得的成绩和功勋已经不太容易。如果能沿着他们的道路去学习，中国商业能够提高发展速度，发展得更好、更完善，风险更小，能为社会做出更大的贡献。

Q 26. 企业家的道思维是怎样建立的？

A 答：在现实生活中我们都追求自利和企业发展，但自利是在利他中出现的，没有利他就没有自利，而我们一般只想自利不想利他，所以道思维建立不起来。

建立道思维首先要学习，在课上反复学、反复思考，学而时习之。要学而思，思而学，在这个基础上用于实践，打破过去的自我。过去人们会有很多非道思维，只想自利、自己好，没想过如何利益社会、利益顾客、利益员工，也没想着去创造社会价值。但一个创造不了社会价值的企业很难真正长久生存，就算获得利润也是危险的，所以没有利他就没有自利，只有利他才能自利，这就是道思维。

道思维要在实践中不断自我矫正和反思，只有在理论上明白了，在实践中才能自我矫正，如果理论不清楚，实践中即使犯了错误，自己也看不出来。要以理为标尺，在实践中进行自我调整，改掉错的，坚持对的，经过一段时间后就会发现事实的确如此——因为利他，所以自利。要先学，学明白再去行。如果学不明白就去行，那么在实践过程中就会找借口，会不想利他，只想自利，道思维就建立不起来。

关于如何利他是一个大话题，要精准、要专业、要聚焦，要形成利他的商业模式。商业本质就是利他，在利他中产生商业利润、推动企业发展，这是一个大过程。这个过程如果不能理顺，只单纯说自利和利他，却无法实现。

Q 27. 企业家有时会产生自我怀疑怎么办？

A **答：**产生自我怀疑，一般有两种常见的解决方法。

一种是学习。当你对自己的人生和未来有一个清晰的规划，并且知道如何实现时，就不会自我怀疑。怀疑代表对真理的理解不清晰，对未来没有信心和规划，不知道怎么做才能更好地往前发展。如果这些道理不知道，人就会自我怀疑。所以，要去学习、明理。

另一种是过好自己。如果我们不能够享受自己的生活，总是在羡慕嫉妒别人，那么当嫉妒的种子成熟时，人就会开始怀疑自己。世界上比我们强的人有很多，没有必要嫉妒别人，过好自己就很好。

Q 28. 作为企业的管理者，得不到高层的尊重和理解怎么办？

A 答：能不能得到高层的尊重和理解，这个事情是双向的。首先要看自身，是否德配其位、才配其位。比如，你是研发部经理，能不能把研发部工作带好，能不能为公司做出你应有的业绩来。如果能，别人自然尊敬你。别人尊敬的你的德叫敬业，尊敬的你的才叫专业，就看你能不能做到敬业和专业。

同时还要看这家企业高层有没有识人用人的能力，以及是否懂得尊重别人的文化。比如这家企业文化不好，高层都没有修养，对别人乱发脾气，不能识别人才，即使你做得很好，他们也看不出来，这是企业的问题，那么这种情况下就要考虑换岗位离开了。当然，不主张轻易换岗，还是要给高层一个改变的机会。首先从自己做起，先自查，看看自己的敬业和专业够不够，然后再做考虑。

Q 29. 当一名企业家过于自负的时候，该怎么样去劝解他呢？

A **答：**这个事情一般来说比较难，可以尝试找到一些在经营企业方面比他更成功的人，比如稻盛和夫先生。稻盛和夫先生一个人从白手起家到创办两家500强企业，是非常成功的企业家。可以把先生的书送给他读，读过以后他心中或许会生出敬畏。如果读了以后还是没有敬畏，这个人就不可劝了，他那不是自负，是盲目自大，这种自大只能任由他，没有办法。

所以根据情况，我们只能尽一些力而已，是否能成功不好说。

Q 30. 做事情总觉得对手很强，自己总是畏畏缩缩的，该怎么办?

A **答：**一般来说有两方面原因：第一是自己的成长学习不够。所有事情都不会是很简单的，一定要付出代价、付出汗水，要靠拼搏和努力才能实现。世间自有公道，付出才有回报。如果你在这个事情上没有投入足够的时间精力，别人当然比你强。别人比你强是因为别人努力了，你没有足够努力。

第二是我们在过去生活中，总是在和别人比较，或者嫉妒别人，或者瞧不起别人。如果你过去有嫉妒别人和瞧不起别人这种习惯，也会出现这种问题。只要出现比较，就一定有一个不好的结果，或者傲慢，或者自卑。

这两方面其实都没有必要。每个人都有各自的专长，就好比说一个裁缝和一名医生，两者没有什么可比性。医生要找裁缝做衣服，裁缝要找医生治病，他们各有所长。所以不要什么事都和别人比较，要问问自己的长项是什么，可以在哪些方面为社会做贡献。成为最好的自己，就是人生最好的追求。

Q31. 心本经营的核心是什么？

A 答：心本经营，主要是抓住两个“心”。

首先要抓住员工的心。抓住员工的心，指的不是手段，而是真心对真心。我们希望员工真正的幸福，并为员工的幸福做出积极的努力，只有这样才能得到员工的心。得民心者得天下，企业也是这个道理。

其次是抓住顾客的心。顾客的心要如何得到呢？要用我们的真心，真诚地为顾客着想。比如从产品的质量到交货期，我们总能想到顾客的困难，总想着帮顾客解决问题。在一次次往来互动中，就能赢得顾客的心，使顾客从满意到感动。

让员工的心、顾客的心都能联在一起，和企业真心换真心，这就是心本经营。

心本经营最根本是我们自己的心，要有一颗真诚的、仁爱的心。如果我们自己的心没有调整好，心本经营就推行不下去。心本经营和常规的管理手段和方法差别并不是很大，最关键是待人以诚。诚者，天之道也。

有了这两个心以后，心本经营就变成一个非常高效、能够让各方满意的经营模式。这就是心本经营的重点。

Q 32. 企业经营者如何修身?

A 答：古人说："自天子以至于庶人，壹是皆以修身为本。"企业经营者要修身，要先从明道开始，明善恶种子之道。要知道什么能做，什么不能做。我们知道利他才是最大的利己，伤害他人一定会损伤自己。如果不明白这些道理，就没有一个修身的标尺了，做事情会没有尺度和规则。凡事只为自己着想，只想赚钱，不择手段地想着利益，这就谈不上修身了。所以能够修身的人都有自己的文化道德标准，不靠法律靠道德。道德关键在于"道"字，知道为什么不能做。比如在商业中，不能欺诈，不能侵占他人利益，这些都是有原因的，并不只是修养问题，背后还有种子的关系。

在这个基础上，修身更大的驱动力叫理想，或者叫梦想，也叫立志。要修身就要立志。一个人为了追求远大的梦想，他会严格要求自己，不敢任性。他会改变自己的错误，会听从他人的劝解，这就是修身了。为什么有的人那么任性？因为他没有梦想，不肯为自己的梦想做出改变、付出代价，想做什么就做什么，毫无顾忌。这样的人怎么会修身呢？

一般来说，能够修身的人，都是有梦想的。一个相信道的人，一个有梦想的人，就可以谈修身。具体怎么修身，商业有商业的规则，做人有做人的准则。《弟子规》《了凡四训》都可以推荐给大家，包括稻盛和夫先生的书也很好，可以去学习。

Q 33. 很多企业都想改变，都想发展，但总是感觉很无力，怎么办?

A 答：这可能是企业人的心性出了问题。

企业发展是为了什么呢？为了挣钱，这个可以理解，那就要了解钱是怎么来的。钱是在我们为社会做贡献、承担社会使命之后产生的。如果我们不愿意承担社会责任，就很难真正挣到钱。我们为什么看不到自身的社会责任呢？哪里出了问题？答案是心性。

就好比一个孩子，父亲在外打工，母亲卧病在床，他却说，我好孤单啊，我好无聊啊。真实情况是这样的吗？不是，是他心中看不到父亲的辛苦和母亲的病痛。当一个人不能感知整个社会前进的节奏，看不到社会有哪些责任需要我们去承担时，可能就会出现想挣钱但是挣不到的现象。在你承担了社会责任之后挣到你该得的那份钱，这是最好的，那个社会责任就是你的事业。在商业里叫作需求，当你能够去满足社会需求时，自然能够得到你该得的财富。当我们长时间关注社会发展、关注他人需求、关注社会责任时，就会很有力量。

Q34. 无论我们表现多么出色，总是有一些不同的声音在指责或者在评判，这时怎么解决呢？

A**答：**首先要看我们的梦想是什么。有梦想的人不会在意这些，因为他更关注的是自己的梦想。“两岸猿声啼不住，轻舟已过万重山”，这一叶轻舟要去哪里？不是两岸猿声和万重山，是远方，真正的梦想不会因为不同的声音而改变。对于这些声音，在不在意都可以。如果你要在意，对你的赞美就当作对自己的鼓励；对你的批评就当作对自己的砥砺；也有对你的误解，就当作对自己的磨炼，善用这些声音。

这些声音如果只是一些无谓的议论，意义不大，忘记就好。人在世间难免会被别人议论，所以议论就议论吧。议论是他人的事情，在不在意是我们的事情。我们为什么会特别在意，是因为我们忘记了真正该在意什么。如果你最在意的是你的梦想、你的目标，就会把这些放下。坚持自己的梦想，这就是最简单的方法。

Q35. 企业家做企业时，经常会有身体和事业两方面的困扰，这时怎么选择？

A 答：无论身体还是事业，你要明白它背后的意义。如果不明白，身体保护不好，事业也做不好。

为什么感觉身体这么累？是因为我们操控不得法。你看古代那些将军元帅，率领千军万马，自己身体也很好，很多老红军、老将军活到八九十岁很正常。做事业一定就会把人累倒吗？不一定，这在于你的智慧够不够。

怎么保护身体？首先你要了解身体的规律。从隐性世界看，你要有身体健康的种子。从显性世界看，要有良好的习惯，不要故意伤害身体，比如熬夜、酗酒等。如果不故意伤害身体，正常地生活和工作，就不会有问题。

每天 24 小时，去掉 8 小时睡眠，其他时间用来工作学习是够用的。如果说我们每天必须通过熬夜只睡两三个小时才能完成工作，表面看似很勤奋，其实可能已经不堪重负，不知道该如何切分这个工作。过度的勤奋未必是正确的，可能是我们智慧不够，不知道如何切分工作、如何有效分工，不知道怎么授权，不知道怎么育人……

这时要去学习。如果不学习，全靠一个人硬扛是不会长远的。所以要提升智慧，用智慧去保护身体，用智慧去做好事业。该怎么生活就怎么生活，一定可以在把事业做好的同时保护好身体，做一个正常的人。

Q 36. 如何树立管理层在员工面前的威信呢？

A 答：想树立他们的威信，就要对他们进行特殊的专业管理教育，因为对管理层是要有特殊的职业要求的。

第一要培养他们对公司整体文化的理解和实践。因为他们要往下传递，他们对使命、愿景、价值观理解得越透，员工越信服他们。

第二要培养他们的管理专业能力。没有专业能力带不了团队，员工不会接受他们，如果团队被他带乱、带坏，员工就会不喜欢他们。

第三要育德。管理层的德行比一般员工要高。尤其在敬业上，比如员工应该完成的，他应该比员工完成得更好。所以在公司里，管理层要身先士卒，吃苦在前，享受在后，这样才能以德服人。

把他们对公司文化的理解与实践提起来，让他们成为公司文化的实践者、引领者、一线的推进者；把他们的管理能力提起来；把他们的德行提起来。公司做好这些，一般来说这个管理者就会很有威信。

Q37. 怎样能让企业当家人意识到自身的学识修养不够?

A答：这个问题有答案，也没答案。为什么会没答案呢？有的人可能一辈子都意识不到这一点，这是他个人天分的问题，这种情况确实有。

怎么帮助企业当家人解决这一问题？要让他走出来，看看外面的世界。“孔子登东山而小鲁，登泰山而小天下。”如果能够见识到那些行业里真正的高端企业，听到自己从没有听过的好课程，见到真正的大思想家、大企业家，很快就会发现自己诸多不足了。

所以一定要走出来，如果我们闭上眼睛，堵上耳朵，什么都不见，什么都不听，我们怎么能发现自己的不足呢？要长见识、要增加见闻，博见多闻，自然就能意识到自己的学识修养不够了，然后就能逐步成长。

Q 38. 如何让经营者认识到学习传统文化的重要性？怎样养成学习的好习惯？

A 答：想认识到学习文化的重要性，一般来说有两种常见的方法。

有的人适合看结果，他看到有的企业学习文化以后，企业发生了变化，就会很向往，问："你的企业怎么发生变化的？"你回答说："我是因为学习了传统文化。"他就会说："那好，我也得学习。"这叫以结果为导向。

有的企业家是思考型的。他要通过上课才会发现这个课程好，解决了很多问题，疑惑在课上都解开了，就会很愿意学。

无论哪一种，我觉得都可以。

怎么能保持好的学习习惯呢？最好是参加集体学习。因为集体学习有整体方案，有内部的要求，每天要看多少书，怎么打卡，要怎么身体力行，等等。集体前进容易坚持。就像一个人如果不走进一家企业，很难职业化。同样，一位企业家如果不走进一个组织，很难形成良好的学习习惯，除非是特别自律的人。要想养成好的学习习惯,，比较简单的方法就是和很多人一起学习。要想走得远，最好结伴同行。

Q39. 企业想做强，要依靠什么?

A 答：首先你要知道什么是强，它有几个重点。

第一，它的人才很强。核心团队素质要高，就像《三国演义》里的刘备一样，开始他“组织”的规模不大，但是关羽、张飞、赵子龙，个个都是顶尖高手。所以强的企业，人才一定要强。

第二，它的产品很强，产品在市场上有占有率，顾客就是喜欢它的产品，这家企业自然很强。

第三，它的营销很强。这种企业有品牌，有市场，有国内、国际一流的营销策略方案。

一般来说，人才强、产品强、营销强，这三强具备的企业就是一个很强的企业。

想做成这么强的企业，依靠什么呢？三大要素：首先是初心，要有强大的初心，因大果就大。其次是智慧，知道抓什么，怎么抓。最后还需要一些福气、一些方法。

Q40. 企业想做大，要依靠什么？

A答：一家企业想做大，需要做到：

第一，服务的市场要大，最好是蓝海。比如这是一个数万亿级的市场。进入这个市场以后，始终能提供源源不断的市场份额给你。华为当年说："我们之所以幸运，是我们找到了蓝海。"想要做大，必须有足够的市场空间提供给你。

第二，就是你的产品要有足够的覆盖率、足够的创新能力，随时能够让你的产品去覆盖这个市场，用你的创新能力不断跟进市场的需求变化。如果产品跟不上，就算给你一个大海一样的市场，你也什么都拿不走，因为你只有一个小碗。

根据这些，再来考虑你的整个团队和战略。当年微软为什么做得那么大？它的市场很大，它的产品很厉害，覆盖性、创新性都具备。

所有能做大的企业，选择的市场都很准，产品本身的更新换代率都很快，总能够满足市场的最新需求，所以一直在市场前端奔跑，引领着行业。

Q41. 企业想做久，要依靠什么？

A 答：企业想做久，就要具备以下特征：

第一，你所选的行业应是持久的行业，可以延续数百年。比如做 DVD 就不持久，十年就淘汰了。为什么有的企业能持久呢？以 300 年的同仁堂为例，过去的人需要中医中药，现在的人也需要，未来的中国人还是需要中药。为什么会有百年名校？因为人类永远离不开教育。你选择了一个有持久性的行业，它就容易做久。

第二，企业一定要有非常稳固的文化。它要有自己的操守，即坚信什么，用什么服务时代、服务大众。你走进同仁堂，会看见同仁堂独特的、牢固的文化——“修德无人见，存心有天知”。没有文化走不到未来，就像一个家族能传承百年、千年，都是有家道的。家有家道，企业有企业道，那就是文化。文化保证了决策的正确性，没有文化，企业会在发展进程中因为重大决策失误而突然崩断、经营停止，甚至倒闭。如果企业有持续的正确决策，就不会有大风险，就能够做长久。

第三，在前两个特征的基础上，企业还需要有产品的更新能力。行业虽然一直都在，但是行业对产品的要求在不断变换，所以必须要有产品研发能力，根据每一个时代特征不断推出新产品，保证大众的需求得到满足。如果产品能不断更新，有足够的更新能力，企业就能够做久。

在我们看来，一家企业能够做久，需要满足三个条件：你选择了一个可以持久的行业；你有一个稳固的文化，保证重大决策持续正确；你的产品可以持续更新，跟进行业发展变化。这样的企业就应该可以做久。

Q 42. 有初心的老板，企业经营却不景气；没初心的老板，生意却红红火火，这怎么解释？

A 答：很多事情不能只看表面，可能有多种情况，我来举些例子。

第一，可能是专业和非专业的事情。一个老板初心可能对，但他不专业，不专业当然经营不了企业。另一个老板虽然初心不对，但他现在很专业，他的生意当下就可能做得很好。绝对不能低估专业的问题，这是第一种情况。

第二，我们不能单纯看生意做得好与坏，因为表面的好与坏未必是真正的标准。比如一个骗子集团，骗术有方，一年就暴富，骗了好几十亿元，你觉得这是好事吗？而一家企业认真地做产品研发，投入很多资金，可是因为产品没有上市，所以暂时还没有盈利，你觉得这是坏事吗？不能用一时的盈亏来判断一家企业，要看长远。如果这家企业持续十年还能盈利发展，那它就可能是好企业。一年的景气与不景气不是判断的依据。

第三，要看追求什么。很多企业的初心是为了社会，虽然没有赚到钱，自身有些困窘，但是对社会的贡献很大，我觉得这样的企业是应该赞美的，是值得我们效仿和学习的。它们损失了个人利益，在维护着国家的利益，这种企业我们应该向它们致敬。有的企业虽然红红火火，但是其初心不对，甚至对社会可能有危害，个人虽然赚钱了，但是社会没有因它得到持续的发展。

因此不能单纯地用一家企业现实的发展来做判断，还要看它的社会价值。如果这家企业创造了足够的社会价值，我们认为它的初心就是对的。如果这家企业没有创造价值，那么它的初心就值得怀疑。就像做教育一样，有的学校出了很多人才，像西南联大。有的学校一年挣了很多钱，却没有为国家培养人才。我们应该向哪一个学习？当然是西南联大。对这些问题的判断，是有很多角度的，综合分析基本就能看清楚。

Q 43. 作为企业经营者，不仅要经营好企业，还要经营好家庭，有时也要担当一些社会的责任和职务。请问如何才能平衡好企业、社会和家庭的关系？

A **答：**首先要有取舍。取舍的原则是要知道自己想要的是什么，最重要的是什么。古人说“至要莫若教子”，有些人事业做得很好，可是孩子教育耽误了，原因就是不知道取舍。人生有的事情来得及弥补，比如事业。有的却弥补不了，比如子女教育，错过了那个阶段就无法实现了。每个阶段都有每个阶段的取舍，有所舍才会有所得。

人生过得好的人都是会取舍、能够克制自己的人。有的人尽管有很多的爱好和乐趣，但为了家和事业，都能够放下，因为他知道自己应该做什么。一个放纵自己的人是做不好事情的。

其次要有智慧。要有经营家庭和事业的智慧，经营家庭和经营事业是非常像的。如果经营不好家庭，也很难真正经营好事业。有人说我因为事业而耽误了家庭，这是狡辩。因为无论是经营家庭还是事业，都涉及一个共同的道理，就是对生命的理解。如果我们能够理解生命，不管是家庭还是事业，我们都能用智慧经营好。事业消耗很多时间却没有做好，是因为本身的智慧不够。家庭没有经营好，也是同样的道理。

有的人为家庭花了很大的气力，教出的孩子就是不成器。而有的人就做得很好，孩子非常有出息。所以不在于付出多少，更在于是否有智慧。要清楚如何能够让孩子顺利长大成人成才；要知道如何能够与爱人白头偕老、共享人生；要明白企业如何能够成长壮大。这些事情都理顺了，就会发现它们之间并不矛盾，而是相关联的。

处理这些关系不应该是去平衡，而是要提升智慧。智慧提升以后就不会有这个烦恼了，家庭、事业可以互相支持。有智慧的人看到的是互助互动，没智慧的人看到的总是冲突和矛盾，这在于我们本身。

Q 44. 企业如何做好线下线上的营销和传播？

A 答： 线上传播是供需链的交换方式、信息传递的模式发生了改变，但是整个商业的基本链条没有发生改变，还是从供到需。只是在线上，更容易让需求方得到供应方的全面信息，更容易了解产品，信息传递更加高效，使得需求方在进行采购时决策更准确。对这个事应该重视，但也不要夸大，如果能了解需求方的需求并能运用好线上传播的模式，事情就可以做好。

想要做好线下线上的营销传播还要做好以下两方面工作：

第一，顾客是谁？需求是什么？产品优势有什么？自己必须先将这三点明确描述出来。

第二，选择合适的渠道把该传达的信息准确地传达出去。

这种情况有两种合作模式：第一种，采取外包的方式，通过专业的线上传播公司把企业信息准确传达出去。第二种，如果想做的话也可以自己来做，自己做的好处就是以后不依赖于别人，弊端是当下起步比较慢。这两个模式都可以选择。

最根本的是要了解整个变化过程的根本原理是什么，根据原理做出方式的判断选择，了解行业发展的最新动态，然后去选择哪一家公司或哪一种方式更适合。所以在做分析之前，有几个问题要理清楚。

第一个问题：谁是我的顾客？第二个问题：他要买的是什么？第三个问题：我的产品优势是什么？第四个问题：哪一种传播方式更适合我的产品、更有效率、更能够准确地传递？第五个问题：如何成交？若能清晰地回答出来上述五个问题，那么这个事情就容易决策了。

Q45. 企业总是感觉一直处于生存期，这样该如何突破发展呢？

A答：企业一直处于生存期，说明它始终没有真正地学习、成长，没有真正缩小与标准化企业之间的差距，还是按照创业阶段的思维来做事，大企业的标准规范、管理制度和流程、人文环境创设，这些几乎都没有。因为这正是要去实破的障碍。

在这种情况下，第一，必须要学习；第二，要挑战高目标，高目标就是行业标准、行业专业化、大企业的运营思维，如果不挑战，企业就发展不下去。

一个企业发展的根本，不在于是不是生存期，而在于企业在成长过程中的发展思路和内在的坚强意志。如果思路和意志两者一直不能提升，只会采取原来的做法，使用原来的思维方式和模式，就只能走原来的道路，很难有新的拓展，到后期一定会出现瓶颈。不是说企业产值出现瓶颈，而是思维高度出现瓶颈。

所以，要学习，学习运营企业的真正思维方式，找到差距、补足差距，企业就成长了，成长后生存期就过了。生存期过了的表现就是产品很有实力、顾客很满意、营销方式很成熟，这时企业就进入了相对平稳期，就可以谋求下一步的发展。

Q46. 企业转型需要注意哪些问题？

A 答：一般来说，转型企业要注意三个问题：

第一，对新市场需求的判断是否准确。

如果需求判断不准确，转型可能会失败，因为需求就是市场，没有市场，企业就没有生存空间。转型之前必须先对市场进行预判，最好是选择一个已经出现但尚未被大家重视的市场。

第二，预估企业自身的实力。

企业自身的技术研发、人才团队能否满足市场所需，能否把市场所需产品做出来，如果市场需求和企业产品对应不上，企业没有足够的研发能力，市场即使很好也不属于你，所以，尽量找与企业自身特点相近的市场。

比如，原来是做电脑，突然转型做投资，团队实力达不到。转型时不能跨度太大，尽量选择相关产业去转型。

第三，保证有足够的外围资源支持。

要有足够的外围资源支持，如果没有外围的资本、市场、品牌等的支持，企业孤军作战可能会遇到困难。同时，随着企业的发展，资源、资金跟不上也会导致企业走不动。

基于上述二点做市场需求、自身实力、可调动外围资源的预判，如果能看得准的话，就可以勇敢地转型了。

Q 47. 制造业如何突破物流和平台的限制?

A 答：这是一个阶段性现象，一般来说，制造行业应该利润更高，平台、物流、销售行业不应该有那么高的利润，造成这种现象的原因：市场是按照供需来分配的。制造行业本身虽然研发能力、生产能力很强，但销售能力不强，要借助销售服务平台把产品销售出去，制造行业的短板要通过第三产业来进行弥补。比如，产品有 30% 的利润，如果自己做销售，利润全都属于自己，但因没有能力做销售，那销售公司就要拿走 20% 的利润。

这就需要制造业增强营销能力，当制造行业企业本身营销能力很强时，市场会趋于稳定，销售平台就会慢慢恢复本来状态。比如这次疫情，因为企业没有带货能力，中间带货平台就要拿走制造商 20 个点的利润。如果自己有带货能力，就不需了。

这个问题的解决方案是让制造行业企业的营销突破瓶颈，让平台企业回归基本常态，当企业短板弥补好后，利润就会开始回归，市场慢慢趋于合理。现在的问题是处于不成熟期所造成的。这样看这个问题就明白了。

Q 48. 企业如何做才能获得持久的利润?

A **答**：企业获得持久的利润有三个关键要素：

第一，利润从市场而来，企业满足了市场需求，想获得持久利润首先要保证所服务的市场有持久性。市场不是短期市场，不是阶段性市场，要持续数十年才可以。比如，医疗、教育行业，市场一直存在，就有获得持久利润的可能。

第二，企业的产品如果质量好、性价比高，就能获得合理利润；如果不行，即使市场需求很大，也无法获得持久利润。根据市场需求变动做出好产品是企业本身必须要去研究的。

第三，供需之间的营销模式要与时俱进，要采用最合理的营销模式，尤其是当需求方的消费习惯发生变化时，要及时调整营销模式，保证产品能送到市场，而不是出现中间渠道的障碍，渠道必须是畅通的。

持续的市场、有质量的产品、畅通的渠道，三者结合就能获得持久利润。当然还有很多附加条件，比如人才、管理、经营、使命、战略，这些也是必不可少的。

Q 49. 如何了解顾客的期望?

A **答**：首先要和顾客进行沟通交流，倾听顾客的心声，放下自己。东北有一家餐饮企业，开业后连续一个月都亏损，后来采取了新模式，请各位亲朋好友来试吃，吃完后针对菜品、装修、服务等问题提出意见。根据意见进行改正，反复改了两个月后，饭店再开张就赚钱了。顾客想什么，问问就知道了，要多和顾客交流，要形成一种长期持续制度，这是一种最简单实用的方法。

其次要能感知大众的幸福。顾客期望的深层是幸福，作为企业方能够感知大众真正的幸福是什么，就大约能看出顾客期望是什么。这要依靠本身的智慧，心的感知力要强，对幸福研究得很透彻，知道大众对美好生活的向往。

如果能做到上述两点，就能知道顾客期望。

Q50. 企业应如何避免盲目投资？

A 答：现在有很多老板急于赚钱，有的是看着什么赚钱就投什么，有的是以为投什么都能赚钱，却不知道赚钱是有很多要素的。当投资不专业时，决策就会出现问题，这说明决策背后的投资思维不清晰。

第一，投资一定要找准方向。一是符合国家整体发展趋势；二是符合大众的向往和追求。落实到某一项目时，先要看使命是否清晰；再要看团队和技术是否过硬。如果这些要素不具备，项目是做不了的。企业家仅凭想法来做项目，失败是必然的。所以在做市场论证时，首先找到使命；其次明确国家对这个行业的政策；最后找准百姓对这个产品的需求定位。

第二，投资必须要明确目的。投资一个项目有很深的意义，其中包括对自己人生及事业的追求，如果仅仅是想赚钱就不对了。

企业投资没有重点就是以非专业思维操作了专业的事情而造成的糟糕结果，要学习和研究该如何做投资、做事业。这不是术的问题，是道、眼光、境界的问题。

Q 51. 企业资金不足、融资困难。请问如何理顺融资思路，突破经营困难？

A 答： 融资，如果是单纯想解决资金问题，别人不会无缘无故地帮助我们，找人融资必须要拿出融资方案，方案中必须要有思路。如果是为了发展，别人是愿意帮忙的，所以必须要有完整的发展方案，发展方案包括现有资源、项目计划、项目成果预估等。

举一个简单的例子，我有 10 亩桃树林，如果把桃全部摘下后，能卖 10 万元，我就可以挣 2 万元。但是，正准备栽桃树的时候，发现缺少化肥，化肥需要5000 元。如果借到5000 元，桃树就能长得非常好，我就能挣回 2 万元，还上借到的 5000 元，还可以给出利息。别人一看，树是好树，桃是市场畅销品，就敢把钱借给你。如果你什么都没有，别人就会想，钱借出去就回不来了，就不愿意借给你钱。

要有一个系统性盈利方案，别人不是来帮我们堵“窟窿”的，是来支持我们发展，共同获得红利的，要找到思路，看到能做的市场，找到自身的技术优势，做一个完整的融资方案，方案经过各方论证都可行，这个难关就过去了。

Q 52. 如何调动员工的工作积极性?

A 答：调动员工工作积极性是一个综合性话题，有几个关键要素：

第一，企业一定要有一个长远的发展愿景，这个愿景不能只是企业自己的，而是大家共同的。员工来到企业工作，需要有一个奔头，能奔向远方，实现梦想，拥有共同美好的生活。如果没有这个愿景的话，就不会有积极性。作为企业当家人要和员工说明白，企业的发展方向是什么，大家明白了这是一个值得去做的事业，才会有积极性。

第二，要做详细的实施方案，告诉大家实现愿景的途径和方法。让员工明白愿景是可以实现的，不是空中楼阁，不是梦幻泡影。

第三，要有使命，让每个员工知道企业使命是什么，为何而奋斗？怎样奋斗？这时企业的使命和员工本人的追求已经链接起来了，他知道这是共同的责任，我们应该为它而奋斗。

第四，要及时地进行精神与物质激励。比如这个月干得很好，就要进行表彰、奖励，树榜样。让员工看到自己成长过程中的脚印、成绩、汗水。他内心会为此感到欣慰、光荣与自豪。

第五，要懂得长善，及时赞美员工的每一点成长，这种赞美对员工的内心帮助非常大，能让员工感受到自己的奋斗和成长是受人关注的、是有价值的、是可以持续的。

这些事情做完以后，员工积极性就能提上来。

Q 53. 企业如何培养人才？

A 答：一般来说企业培养人才要关注三个要点：

第一，经营者自身的育人意识。从一开始做企业就要知道人才的重要性，要有意识地去观察、引领、聘用、培养人才，在创业之初就要养成育人意识。

第二，自身人格修养。如果想把人才培养出来，就要克服过去没有克服的困难。从直观角度来看，如果一个企业家经营企业很多年，身边还没有人才可用，那一定是他的性格里有很多自己不知道的缺陷。比如，独断专行、刚愎自用、凡事不敢分工授权，没有耐心等别人的成长等。如果不去改正自身的缺点，人才是不会来的。要想把人才引进来，就要调整自己。一名企业家想要身边能够人才济济，不仅要有人才意识，还要有与人才共成长的人格力量。

第三，建立事业平台。企业要有一个平台，企业的使命、愿景、战略计划很清晰，这样人才来了以后才能够发展起来，能有事做，能做出成绩来，人才才会留下。如果人才来了几个月后，觉得没有意思，认为都不是自己想干的事情，他可能就走了。人才是要找一个可以持续发展的事业的，如果没有，人才不会来。

所以，只要做好育人意识、人格修养、事业平台这三方面工作，就能够解决这个问题。

Q 54. 在企业管理运营中如何提高工作效率?

A 答：工作效率有五个关键要素：

第一，使命。一个企业如果使命不清晰，工作就不会有效率，反而会出现很多无效动作，因为体不明，相必乱。

第二，战略。战略描述了工作过程的步骤，包括前后时间、程序、次第，如果企业没有战略的话，就会一窝蜂的上，不会有效率，因为不能够协调作战。

第三，组织设计。必须要有很好的组织设计，不好的组织设计会导致工作过程中彼此不能配合，工作就会没有效率。有了良好的组织分工就能使整个组织的工作变得协调、配合良好。

第四，职业技能。每个人对他所从事的工作要有娴熟的专业技能，有技能就会有效率，没技能效率就上不来。

第五，工作热情。员工对自己的工作有热情，有热情就会有效率，没热情就没效率。

一般来说，使命、战略、组织分工、职业技能、工作热情，都与效率相关，把上述五个关键要素理顺了，就能提升效率了。

Q55. 企业在经营中，哲学和工作落地是有差距的，员工把现实利益看得太重，这样该如何突破？

A 答：这是一个哲学和利益的问题，哲学是可以实现利益的，只是需要时间。

第一，持续的哲学共有。哲学需要持续讲，因为人思想的成熟是需要很长时间的，并不是讲一次就成熟了，需要经过很长时间的沉淀，直到能够自觉才行，从知道到自觉需要持续学习。

第二，员工的现实利益。帮助员工厘清现实利益与未来利益的关系。员工看重现实利益，这本身不错，但要在保证员工有即时利益的同时帮助员工厘清现实利益和未来利益的关系。只要现实利益没有对未来利益产生很大的冲击和破坏，那么这种现实利益就是正确的。怕的是只追求现实利益，不要未来利益。比如，坑害顾客、在销售中做手脚、不严把质量关，这种利益不可要。这是价值观有问题，我们要给员工正确的、可持续的利益。

要一手抓持续的哲学共有，一手抓员工的利益，做到及时的供给、引领，帮助员工获得利益。树立正确的，错误的自然就消退了。

Q56. 在全员学习传统文化时，如何解决员工在学习上不同频的问题?

A答：这个属于正常现象。在学习传统文化上，我们不能要求全体员工都一样，都一样了也不大正常。一般来说，高层员工的学习速度可能会快一点，基层员工的学习速度可能会慢一点。有的员工对文化很热爱，学得很好，有的员工学久了就不愿意学，这都属于正常现象。那怎么办呢?

第一，要坚持领导带头。火车跑得快，全靠车头带，如果领导能坚持带头学习，慢慢大家就会联动起来。

第二，要让一部分人先成为文化的受益者。我们学习文化是为了受益，当有的人分享自己已经从文化中受益了，大家就会慢慢建立起学习的兴趣。人是有理性的，对于对自己好的事情，总会更有动力。

第三，要注意学习方法。多与员工沟通，共同研究切实可行的方法，不要在学习方法上给员工带来烦恼。带着烦恼学习，不可能长久。

Q 57. 当自己利益与他人利益发生冲突时，怎样抉择才能使自利和利他达到平衡?

A **答：**从根本上说，自利和利他是没有冲突的，能够利益他人就能实现自利，抉择的方法一般有两种。

第一，看清对象。如果对方是君子、是明理之人，这时就不会有冲突，你帮他，他将来一定会帮你。只有当他是恶意侵犯你利益的小人时，才会发生冲突，这时要懂得使用法律保护自己，或者远离这种人，或者不要和他做生意，更不要借钱给他，遇到这种人是可以不帮的，这时要保护自己的利益。

第二，看时间量。如果对方是一个值得深交的人，是你的贸易伙伴或老朋友，那就不用担心了，因为两者之间没有利益冲突。舍就是得，当下利益好像损失了一点，但是能够帮到他，将来他会帮你更多，特别是你的贵人和恩人。

所以不用担心，这只是一个现实利益和未来利益的换算问题，今天你借他 1 万元，明天他可能就会给你一个订单。有时当下看是有利益冲突，但从长远看就没有冲突了，加上一个时间量就可以化解。

Q58. 如何开展员工教育？

A 答：员工教育的重点分三个部分。

第一，为什么开展员工教育。要想清楚开展员工教育的原因、目的是什么。

第二，教学内容。教学内容分两部分：一部分是职业道德，也就是思想文化；另一部分是职业技能，也就是专业知识。把这两部分作为主要教学内容。

第三，教学方法。一般主张“教”和“育”，教是上课、培训，育是实践、实战。在上课培训中把大家教会，然后在实战中学会运用。

重点解决三个问题：为什么教、教什么、怎么教。从这三个方面落实就能形成一个很好的方案，然后执行就可以。

Q 59. 企业如何才能做到基业长青？

A **答：**企业如果想做到基业长青，有三个重要要素。

第一，行业选择。企业所选的行业要具备基业长青的可能性，就像自然界的植物一样，有的植物是一年期生长的，有的植物是三年、五年期生长的，有的植物可以生长百年、千年。然而能够生长百年、千年的植物并不多，只有几类，比如松柏。这说明所选行业需具备长期存读的可能性，像医疗、教育，人类过一百年、两百年都还会需要。

比如，同仁堂有 300 年的历史，为什么它是中国最长寿的企业呢？因为中国人离不开医药，所以只要做得好就能长寿。

第二，企业有道。企业本身要有强大且正确的内在文化，要有能够支撑企业长存的道。“道”是规律，只要企业一直在“道”上，就能长存，如果企业本身没有文化，很可能就会在某几次重大决策中崩盘。依“道”而决策，就能度过风险，这是一个企业长存非常重要的原则要求。

第三，随缘而变。企业能够与时俱进、随缘而变。百年以前的药品，如今包装、销售等都必须根据形势进行调整。如果不进行调整，还是按百年以前的方式做，那就不行了，产品可能不被接受，销售模式可能不适应，所以要进行现代化改制，要从线下到线上，与时俱进地去变化。

企业要有变化的能力，紧跟时代步伐，甚至是引领时代，企业的产品、运营模式、管理制度始终不过时，这样的企业才可能基业长青。一般来说，这三个条件具备的时候，企业就能做到基业长青。

Q 60. 企业如何践行《弟子规》?

A 答:《弟子规》来自《论语》,其中有一段话叫“弟子入则孝,出则悌,谨而信,泛爱众,而亲仁,行有余力,则以学文”。在古代,弟子是学生,在老师面前自称为弟子,和老师是师生关系。在现代社会,如果是面对圣贤,我们都是圣贤的弟子。

《弟子规》最主要用于修身,就是平时所说的做人。要做事先做人,做人如果做不好的话,做事就做不好。在很多企业中,通过观察会发现员工做不好事是因为做不好人,做人没有标尺。我们过去只是会说“做人”这个词,并不知道做人到底要求什么,有了《弟子规》后就有了一个做人的参照手册和指南,做人要“入则孝”“出则悌”“谨”“信”。具体如何入则孝也是有要求的,“父母呼,应勿缓,父母命,行勿懒,亲所好,力为具”,这就是孝。落实《弟子规》就解决了做人的问题。

展开来说,《弟子规》还可以用于人际关系处理,比如“入则孝”,它既包括对父母的孝,也包括对领导的尊敬。“出则悌”代表和同事的关系,和同事之间要恭敬和睦地相处。“谨而信”,“谨”代表员工的个人生活管理,“信”代表与人交往要有信。“泛爱众”是指虽然只是一个员工,但要关心企业,要关心顾客,关心社会。“亲仁”是指企业要学圣贤文化,要依据经典而行,要向好的老师去学习,这就是亲近仁者。“余力”“学文”则是指做人要落在行上,不是只说,还要去做,具体就是落实到企业制度的学习上。

《弟子规》在指导做事上也是有办法的,善巧并用就可以了。

大家可以参照国内出版的一些《弟子规》,多读一读,慢慢就能找到答案了。

Q 61. 企业如何践行《了凡四训》？

A 答：《了凡四训》是中国文化中一个非常重要的著作，讲的是如何立命、改过、积善、谦德，这是每个人都要关心的大事，因为这是文化最核心的一点。老子说，“君子有造命之学”。君子是明白人，明白人懂得自己的命运是什么样的，能够握住自己命运的人，就不是一个糊涂的人。从这个层面来说，企业从上到下的所有人都应该学习《了凡四训》，都应该掌握立命之学，懂得自己人生该如何度过、如何改过、如何积善。

《了凡四训》对于员工如何改过、积善非常实用，因为它对善的分析以及落实讲了很多故事和方法，这本书适合员工通读、通背、通学。这么做的好处就是能够让员工不犯小的过错，不去犯下一些对自己人生有影响的恶。同时知道在企业工作中如何通过对顾客、同事、领导、下属好来积善。这本书讲的既是人生，又是事业，是如何在事业中成就人生。

我们虽然在职场中行走，但如果在生活中也能用好这本书，每天就能在改过和积善中度过，做到待人谦德。那么不管是对于企业所服务的顾客，还是身边的同事都非常有意义，企业文化也会打造得更好。

《了凡四训》落实起来非常方便，所以推荐大家都去学这本书，用来帮助员工建立正确的职业道德和好的思想品德，整个企业也会进入一个新的高度。

Q 62. 企业如何践行《孝经》？

A 答：要践行《孝经》，首先要了解这本书，这本书有三部分值得研究。

第一，孝道。孝道是中国文化的核心。《孝经》里说：“先王有至德要道，以顺天下，民用和睦，上下无怨，汝知之乎。”“夫孝，德之本也，教之所由生也。”孝是德行的根本。企业如果想教员工德，就要从孝道开始教起。很多企业不明白这一点，总是强调员工要有德，却没有强调员工要有孝。孝如果立不住，德就上不来，德上不来，有才无才，对企业都很危险。无才误事，有才也会误事。所以，孝道是根本。

第二，各安其位。企业各个层级的人如何各安其位，天子、诸侯、大夫、士、庶民，每一个层级的人应该做什么，在书中都有详细的讲解论述。在企业中可以对应，像部门经理、高管、总监、副总、董事长，每个层级的人要做什么都可以参照，董事长可以参照“天子章”，大区经理可以参照“诸侯章”。

第三，教化。具体到企业就是如何教化员工，使员工能够有很好的思想道德。书中讲，“是以其教不肃而成，其政不严而治”。用礼乐的方法，教育不是很严厉，员工就被教化了。还有很多方法，“三才章”说得很细，可以看看那一章。

《孝经》这本书是很实用的，可以用来做孝道、层级管理和教化。它本来是一本治国理政的书，说的方法就是用来治国的，用来治企道理也是一样的。企业可以把这本书先弄懂读通，然后再学着去运用就可以了。

Q 63. 企业如何践行《道德经》？

A **答：**如果想用《道德经》这本书，建议当家人先背诵或熟读，悟透其中的思想。《道德经》属于无为法，是企业家到达一种境界后所使用的管理方法，无为而无不为，使用《道德经》的企业管理者本人最好是一个修无为的人。

一般人使用不了《道德经》，因为自身的执念太重，道不够强、不够高明，在使用时只能去管控。喜欢管控是因为有疑心和本身不自信，以及对人性不了解，所以才用管控的方法。而《道德经》不是这样的，它相信每个人都有善根，顺善而至，顺愿而教。打破事物的对立，然后按照事物本有的规律运行。大家可以参照一下近代几位大德们讲的《道德经》，比如南怀瑾南老所著的《老子他说》。

读了这本书后，先去悟，悟懂多少就用多少，先不着急。如果想把这本书一下全弄明白，一般人做不到。《道德经》内在是圣贤的初心和圣贤的见地所做出的圣贤方法，如果没有前面的圣贤初心和知见，就直接使用圣贤方法，运用不了，也达不到那个境界。

一般我们推荐企业家要在学习中国文化三五年之后，有时间再把《道德经》拿过来去悟和用。如果上手就使用《道德经》，基本是使用不了的。近年来，有的企业开始探索使用《道德经》。这是很好的，可以了解无为法和规律的运用，然后再和实践进行结合。所以，这里只是做一个引荐。

Q 64. 所谓"半部《论语》治天下"，那如何用《论语》来治理企业呢?

A **答：**"半部《论语》治天下"，这是古人对论语的赞美，是形容这本书特别好。古代有一个宰相叫赵普，他每当遇到问题时，总是回到家里翻看《论语》，而且看了一辈子。他说："如果能把半部看透的话，就能治好天下了。"所以，后人就留了这个话，叫"半部《论语》治天下"。

《论语》是在春秋时期诞生的一部书，是孔夫子和他学生对话的记录。那个时代，礼崩乐坏，天下大乱，他作为圣人有慈悲的情怀。百姓如何能过上和乐的生活？世界如何能够大同？因有一颗慈悲的心，从而有了这样的思考和论述，成为《论语》。所以，《论语》因世道变化而生，谈《论语》读的是圣贤那颗心。到了今天，孔夫子的这个心愿依然还是人们的追求，希望世界永远和平、礼乐和谐、家庭幸福，希望人与人之间能够相亲相爱。要想实现这个愿望，前人的思考和经验是值得借鉴的。

孔夫子当过汶上的中都宰和鲁国大司寇，又周游列国，有时代经历，他知道国家应当如何治理 。到了今天，人同此心，心同此理，可以用这本书和现代社会进行对照，然后用来治理企业。

《论语》可以作为企业管理的书籍来读。日本企业家涩泽荣一著过一本《论语与算盘》，就是讲述如何运用《论语》治理企业的。大家也可以在茶余饭后多参参《论语》，多读读南怀瑾老先生的《论语别裁》，相信你一定会逐步了解其中的治企之道。

Q 65. 企业如何去践行自身的教育职能?

A 答：从大原则来说，社会分工有学校和企业两部分，小学、初中、高中、大学负责教做人和专业知识，企业主要负责教做事。目前的教育有分工，但还没有达到这种状态，把很多学校欠缺的功课移交给了企业。这就要求企业想培养人才，既要教员工做事，也要教员工做人。

做人要从“孝悌忠信，礼义廉耻”开始，这八个字可以把做人的基本内涵概括出来。一个人如果能够做到“孝悌忠信，礼义廉耻”的话，那他做人就是比较成功的。在做人的基础上还要做事，如行政、管理、生产、制造、销售，不管做哪一部分，都要把员工教会。

员工进入企业时只具备了基础知识，不管大学如何教，离实际都是有差距的，企业要提供足够的岗前培训和岗后指导。上岗之前一定要培训，因为员工不培训直接上岗就能适应工作的情况很少。企业的岗位在发生变化，时代也在发生变化，所以每年要定期进行岗位指导，不断提升员工的工作能力，否则企业很难发展，没有哪个员工天生是为这个企业量身定做的。员工如果有很好的道德基础，企业就省力气，如果没有，企业就要负责教。如果员工做事能力很强，当然好；若是能力不强，也要教。

谈到如何做人，建议企业多让员工学传统文化；谈到如何做事，建议多给员工做职业培训。每年定期定量的职业培训应该列入企业工作计划，保证企业员工能够不断成长。企业和学校的教育职能很像，但有差别，企业更侧重实践性，以结果为导向，所做的每一项工作都指向绩效和企业发展。

Q66. 如何构建企业文化生态？

A答：构建企业文化生态，简单来说就是在企业中落实文化。一般来讲，是自上而下去落实的。首先是以董事长为代表的决策层，他们对文化要学习和运用，这个学习不能是表面的学习，碎片式地得到一些句子就可以了，而是能够掌握文化的核心部分，对事业以及人生的理解达到一定的高度才可以。

其次要落实到管理层，使管理层能够拥有文化思维。文化思维很重要，管理层是企业的重要链接，如果管理层不能把文化传递出来的话，那么员工离文化就很远。过去有的企业有中层板结，其实说的就是管理层的问题，要构建起管理层的文化思维。

最后要通过管理层辐射到全体员工，让每个员工都能够用文化思维去做事。如果一个企业能够建立起正确的思维方式并实现全员哲学共有的话，那这个文化就构建成功了。在这个基础上企业要做一些对等的文化行动，比如礼乐建设、环境创设、企业榜样人物、企业报刊等，这些都属于做企业文化的常规动作。

从不同的维度来说，决策层、管理层和员工层——企业要自上而下从这三个层面进行文化渗透。并且，构建好企业文化生态取决于决策层对文化本身的学习深度和贯彻力度。如果上层对文化学习得很透、贯彻又坚决，那么企业一般来说两三年时间就有文化底蕴了。五到十年后企业会进入一个发展的快车道。所以文化对企业的改变是不可思议的，这个大家可以去探索和尝试。

Q 67. 企业为什么要做文化手册?

A **答:** 企业每天都在做事，只要有事就会涉及决策，即事情怎么做更合理，尤其是企业有的事情是固定的，有的事情是变化的，比如战略、销售模式、市场拓展、年度计划，这些一直都在变动中，只要变动就一定会涉及决策，包括变动快还是慢、左还是右、高还是低等问题。

在这些问题上，决策一定要有依据，依据是道理。而人在一般的情况下，很难形成强大的理性思维，会受惯性控制。惯性中有美德，也有习性，比如贪占、懒惰、自我等。一旦这些因素掺杂进来，会使企业在宏观和微观的决策上出现偏差，这种偏差会给企业造成损失，导致企业不能在理性的轨道上运行。

要保证企业从宏观到微观的所有决策都是理性的，就要给决策制定一个理论依据。这些依据编辑在一起就形成了《文化手册》。文化手册不是拿来在墙上摆着看的，它是一个决策参考书。比如，要做营销时，就要看营销这一章的文化手册，看看营销的本质是什么，为什么做营销，做营销要遵循什么样的规则；要做员工招聘，就要看本企业选择员工应遵循什么样的价值观，以何为导向，按照这个来招聘员工。

避免出现自我意识。企业是许多人在一起工作的地方，有人的地方就一定会有自我意识，当家人有当家人的自我意识，员工有员工的自我意识，这种自我意识在个体自身看来是正确的，而放到整体看可能就是错误的，但个体并不知道。这时，企业文化手册就要发挥作用了。

企业文化手册是决策依据的参照书，每临大事时，就要翻开手册，大家先读一遍。比如，要开研发会了，先把手册研发这部分读完后再开会，有助于进入理性思考，这就是它的重要性。理事对应，理事无碍，依理行事，事有理依，事情就好做了，这样企业就不会出现重大决策失误。

Q 68. 企业如何践行《家道传承》?

A **答:**《家道传承》一书是给员工用的家庭注解版。家道传承的最终目的是让员工从自身做起，员工作为父亲或母亲，有责任让自己孩子好，为了让子女能够健康成长，就要学习家道传承。

员工自己发生了改变，会成为子女的榜样，也会转成职业道德。企业员工一方面是在学家道，另一方面也是在提升职业素质。比如，家道中所谈的孝道，一个对父母孝顺的人，在工作上也会负责任。反之，一个对父母都不能够孝顺的人，很难对工作负责任。

在践行家道传承中，工作责任心自然就提升了，企业可以放心、大胆地去鼓励员工做好父母、传承家道，从而不断提升自身素质，这就是一个非常好的职业化教育。

Q 69. 怎样理解企业家的“读书三步法”？

A 答：“读书三步法”是讲稻盛哲学时提出的三个重要步骤：

第一步，礼敬书籍。书不敬则不得，现代人对书容易起判断心，我喜欢这本书，我不喜欢那本书，但如果对经典起了轻慢之心，会导致无法深入理解书的重要内容，不能从中受益。不是经典本身有问题，可能是读者自身高度不够。但不是所有书都要礼敬，而是要礼敬那些在圣贤高度的人物所写的书。

第二步，读书重在提炼思想，理解文章内容。读书要深入浅出，了解这本书到底说的是什么，不能像读小说一样匆匆就过了，要拿笔把重点句子画一画，有时一句话就可能让人受益一生。每当遇到事情的时候，可能其中一句话就能应用上。

第三步，读书要用于实践。读书如果不能用于实践的话，久而久之会使人变得轻浮，只会以积累的知识向别人炫耀，这是一种错误的习惯，没有做到学以致用。若不学以致用的话，读再多书也不能改善事业和人生，纯属浪费时间。

总之，读书要先礼敬，然后深入思想，最后转入实用。

Q70. 如何解决企业经营中成本提高但利润不变

A 答：首先，做好产品研发。通过研发提高产品性能，产品性能增强了，在市场中才能热销，适当调整价格也可以。若产品热销，利润虽薄，但销量增加了，总额也会相对提升。

其次，做好市场营销。拓宽销售渠道，增加顾客量，增加市场占有率。比如，我们做 1 个杯子以前赚 4 元，但现在成本增加了，只能赚 2 元，通过增加销售额来实现利润增长。

综合来看就是两个办法，一是在研发下功夫，二是在营销上下功夫。通过研发提高产品性能，通过营销增加市场份额，这样企业利润率就能够保持住。

Q 71. 如何解决因企业使命不同而找不到好的人才的问题？

A 答：第一步，要知道人才从哪里来——“人才从心中来”，心中要有对人才强烈的呼唤。如果内心没有对人才强烈的呼唤，没有重视人才，就找不到真正的人才。

第二步，在寻找人才时总希望能找到一个现成的、能解决问题的人才，这是不可能的。找一个经过企业培训后能成为企业人才的就可以了。就是说找到一个具有可能性的人，这个人经过培训，能在三个月或一年后成为公司人才。

个人和企业价值观不同，有两种可能性：一种是这个人真的不可能再塑造，到企业后怎么改都改不了；另一种是他的价值观虽然暂时与企业不同，但经过培训后可能达成一致。要根据两种人不同的情况采取不同的处理方法。

想要找到和企业绝对匹配的人，这是根本不能实现的，企业的关键核心人才一定是自己培养出来的，所以找到可培养的人就可以了。

Q 72. 如何建立正确的合伙人机制?

A **答：**企业不能什么事都一个人说了算，但也不能什么事都大家说了算。什么事都一个人说了算的坏处是万一决策者的决策不准或者不到位，会没有防范机制，也没有人来提醒。但事情如果都集中化解决也会出现很多问题，比如争论时间过长、决策链太长、决策速度上不来等。

在前期筹备企业时，要找到志同道合的人。志同就是追求相同，道合就是思想一致。如果前期志不同道不合，后期决策时就一定会争论不休，问题就解决不了。

所以，在选择合伙人时，不只是法律条约，更重要的是大家的理念、思想、追求是否一致，这些都是不好调整的。思想比机制更重要，大家在一起共事，不只是依靠契约，更依靠彼此的深度了解。

Q 73. 企业引进新设备需注意什么？

A 答：引进新设备不能仅凭设备老化来决定，还要看企业市场份额，也就是和设备相关产品的市场存量。换句话说，一定要考虑是否还有后续的市场空间；若有后续市场空间，还要考虑是否能拿到订单，如果能拿到，再考虑是否应该投资更换新设备。

每投资一笔都意味着有新产品下线，有产品意味着资金回流，资金回流后设备钱就回来了。比如更新设备需要投资200万元，但所造出的产品可能价值1000万元，净利润能收回300万元，那买的设备就很值得。

要测算市场、测算订单，如果划算就可以继续投资。如果没有市场和订单，设备可能闲置，就不能再继续投资。所以，是否引进新设备要根据市场来决定。

Q 74. 如何用好企业的闲置资金？

A **答：**在研发上大量投入资金，通过研发降低产品成本，提高产品性能，让产品在市场销量更好，这是很多企业最常规的做法。

未来想做新产业必须要有人才储备，造人先于造物。企业闲置资金可以用于对现有人才团队和储备人才的培训。

做社会公益、慈善、布施，为企业积福气。企业要发展，没有福气帮助是不行的，要拿出定量资金来做福气。

保证风险防控，比如疫情突然来到，企业有3～6个月没有订单，必须有自有资金保证企业活下去，防止企业资金链断裂。

在这几个项目做完后，若还有剩余资金，可以考虑开拓新市场，开发新产品。

这些都是企业闲置资金的常用用途，一般来说，可以将这几项的顺序稍微排一下，看看先做什么后做什么。

Q 75. 作为一名企业家，如何兼顾家庭和事业的关系呢？

A 答：在家庭和事业中，首先，夫妻双方要有分工。从传统来说，男主外女主内，到了现代社会，这句话并不是绝对的。但一般来说，家庭中的两个人需要有一个人用更多的时间负责照顾家庭。

其次，在家庭和事业之间要有效率，效率可以节约时间，效率来自于智慧。我们觉得时间不够用时，要用效率来换算时间。就是说同样时间内，要做对的事情，不要做错的事情，要尽可能多解决问题，而不要再制造新的问题。

如果我们做的每一件事都是解决问题，而不是制造问题，那么一定能忙得过来。比如说这周你来陪伴孩子，哪怕只有 3 个小时，一定要做到有效陪伴，而不是敷衍了事。所以，要成为一个能承担责任、解决问题的人，否则，给再多的时间也不够用。如果你善于精准高效地使用这些时间，哪怕一周仅在家 3 个晚上，也能对家人有很好的呵护；哪怕一周在公司仅工作 3 天，企业也会在你的引领下快速地成长。

Q76. 私营企业如何选接班人？标准是什么？如何做好企业传承？

A答：私营企业选接班人，过去民间有一个不成文的惯例，即喜欢家族中的下一代来接班。这有一定的合理性，但未必正确。

一般来说，家族事业的接班人，或者说私营企业的接班人，要具备如下条件：

第一，他要热爱这个事业。你去强迫不热爱的人，他不会兢兢业业地用心经营，热爱很重要。

第二，他一定要经历过专业的训练。因为任何事业没有专业的操作都难以维持。可能他的心是好的，有很多好的想法，但因为不专业，不知道怎么带队伍，怎么做运营、做资本，在决策上就会出现失误，导致出现各种问题和事业危机。

还有一个根本前提，就是把事业交给有德的人，厚德者载物。如果接班人本身没有德，前面两个条件也都是空谈。就算他热爱，就算他学过一些企业管理，但因为本身德行不足，也会毁掉这个事业。

所以一般私营企业在选择接班人时，都是从那些有德的年轻人中选择热爱这项事业的人，然后再加以专业培养。这样经过十年左右，好的接班人就出现了。

Q 77. 私营企业如何防止家族式经营带来的弊端?

A 答：我觉得企业就是企业，家族就是家族，在这个问题上要厘清，要淡化企业中的家族色彩。在家中有家道，在企业中有企业文化、企业制度，不管是不是近亲，所有进入企业的人都要遵守企业的基本制度，不应该因为他是亲属就破坏这些规则。如果在企业内部能够淡化这些亲属关系，我觉得是公平可行的。即便是亲属的子女，也可以平等地进入企业。即使不是亲属的子女，也可以获得提升的机会。

举贤不避亲，举贤不避仇，所有的人在企业中都按制度、按文化做事，不特别去提亲属这件事，是亲属也要这么做，不是亲属也要这么做，按章办事，依法治企，不用亲情干扰企业经营，这是最合理的模式。

Q 78. 企业家经常是孤独的，如何平衡事业与生活、家庭的关系？如何释放压力？

A 答：企业家是孤独的，这话得分两个层面讲。一方面，孤独未必都是错的。古人说“静以修身”，又说“非宁静无以致远”，又说要“慎独”。人如果想做大事，需要定期地“孤独”一下，在独处时思考一些平时来不及思考的问题。因为平时总被眼前的事情缠绕，不得不做应急处理，很多大事就来不及细想了。如果每个月或者每年有一段时间独处，可以把很多遗漏的事情理一理。这种孤独要是让你觉得很不适应，你得想办法适应它。另一方面，企业家如果能够为员工着想，和员工在一起去实现快乐幸福，他就是不孤独的。独乐乐不如众乐乐，就是这个道理。

如何平衡家庭与事业呢？在古代家庭是有分工的，一般来说男主外女主内。现代社会男女平等了，家庭责任可以根据两个人能力特征大致分一分，谁偏主外一点，谁偏主内一点，这种分工能够使家庭更和谐。在这个基础上，所谓主外的人，并不是一点儿不管家，他要扮演好他的角色，比如要保证家庭的经济来源，同时要做好家人的榜样示范。这样，尽管你在家庭中出现的时间可能没有像其他人那么多，也能够完成既定的任务。

关于释放压力这个事情，关键在于你怎么看。人如果没有压力，其实也就没有动力，不愿意做事了。一个做事的人需要一定的压力，关键是不要把它当作压力，要当作挑战和磨炼，这是一个思想理念的问题，我们需要一定的压力。如果觉得自己压力很大挺不住了可以释放一下，运动、找好朋友聊聊天等，都可以。还有的企业家去禅修，这也不错。这些方法都可以使用。有一本书叫《和繁重的工作一起悟道》（一行禅师），教我们如何在工作中悟道。这方面的书其实很多，找到这样的书，运用起来，就能释放压力了。

Q79. 定价即经营，电商经常要做促销爆款。如何保护价格体系不受伤害呢？

A 答：在商品交易中，供需两端成交的根本原因只是价格吗？如果你是这么认为，那么今后在营销策略上，有可能会走入误区。

顾客真正要买的是价值。所谓“定价即经营”，说的是通过定价也能满足顾客的需求。有时我们觉得价格定得越低越好，做爆款在当下似乎是一种很好的促销手段。可是长久看，会使顾客只关注价格而忘了关注产品的价值。如果价格便宜，不管需不需要我都买——这种消费心理本身是不合理的，长久下来对于生产商和顾客其实都是伤害。

作为企业，我觉得应该去努力研发产品的性能、质量，然后定出合理价格。这个价格包含产品成本和技术含量，顾客买到的不仅是某个价格的产品，还有产品的价值。

当企业有了合理的利润以后，能够把钱用于后继的产品研发，保证行业良性发展。如果整个行业一直在拼价格，到最后制造商没有任何利润可言，行业早晚要垮掉，那时，顾客也会受伤害，因为他们再也买不到想要的产品了。

真正会买的顾客买的是价值，是现实需求的满足。真正会卖的企业不是在价格上做文章，而是关注产品是否能够满足顾客的需求，同时定出一个符合市场标准并满足供需两端心理需求的价格。所以，价格是供需两端实现自他两利的平衡点，保证行业可持续发展，才是我们应该去追求的。

Q 80. 企业如何帮助空降人才迅速融入团队？如果发现招来的人才达不到预期，是否应该解除合同？

A **答：**其实企业没有严格意义的空降人才。每一家企业在发展过程中，都需要不断地引入人才，按照这么说的话，每个人才都属于空降人才。人才都有一个入职成长期，即便是空降人才，也需要经历前期的招聘、面试和试用。不管人才水平多高，这些标准程序都不能省略。如果省略了这些程序，不按规章操作，只看简历，没有了解这个人的背景、品德、思想高度，就直接安排过来担任部门经理，我觉得这是一种冒险，这种做法对于双方来说都没有尽到责任。前期草率地做决定，到后期就一定会付出代价。

首先不管是空降还是不空降，都要按招聘流程办事。尤其是很多小企业，更要有流程，而不是安排上就用。流程的好处是减少失误、避免风险，在人才的决策上能够提高效率。

如果发现人才在使用过程中不适合本岗位的情况，就要去重新思考：是当初招聘错了，是没有培养，还是没有调配到合适的岗位？要根据具体情况来确定。

如果是招聘错了，那么今后就要修订招聘流程，保证类似问题不再发生。同时要与人说对不起，因为前期岗位说明不清楚，导致在聘用过程中出现了问题，这个时候可能要按照《中华人民共和国劳动法》解除合同。

如果发现他是一个可造之才，只是目前没有经过培养，那么就需要通过人才培养来解决问题。或者发现这个人在这个岗位不行，但到了另一个岗位是可用的，这时可以通过调岗来发挥他的作用。

人力资源是企业大事，要有文化，要有制度，依此来做出决策才是合理的，不能简单地说谁合适谁不合适，直接决定去与留，这样不够严谨。要按照成熟的人力资源管理体系来做人才招聘、培养、运用。

Q 81. 如何用好优秀的经营或技术人才？怎样防止人才流失呢？

A 答：企业如果想用好经营或技术人才，必须做好以下几件事：

第一，企业要有清晰的使命。使命可以保证企业的每一个部门、每一个岗位以及每一个人才的工作是正确的、有效的。如果一个人的工作长期处于低效、无效状态，他个人就会有挫败感，尤其是高级人才。所以，企业使命一定要清晰。

第二，企业要定战略、定计划、定岗位流程。经营或技术人才都是在大的战略、计划、工作流程中，才能发挥出各自的能力。这既能够保证他们长期发挥作用，又能够保证他们所做的工作可以与其他人协作配合完成。如果企业战略不清晰、计划不清晰、工作流程不清晰，就只是单纯地依赖个人能力，则巧妇难为无米之炊，内部可能还会出现矛盾，不能协调运作。

只有把企业打造得像一部战车，车上的每一个齿轮和零部件都高速协调运转时，企业才能高速发展。企业的高效运转，既取决于整体的系统设计、使命、战略、计划、系统、流程等，也取决于人的素质。所以，企业要定期对经营技术人才进行岗位培训，这也是对人才负责任。

怎么留住人才呢？无外乎两件事，一是物质，二是精神。物质就是要有很好的分配制度，保证按劳取酬、得其应得。精神就是要有很好的企业文化，让人在企业中得到尊重，心情愉悦，热爱工作。当一个人在企业中找到成就感，又能实现个人的成长时，他就不会跳槽，企业就一定能留得住人才。

Q 82. 如何看待某些企业以“分钱”为手段的人才管理?

A **答：**我觉得用“分钱”这个词不合适，我们可以换一个专业名词，叫分配制度。一家企业必须要设立合理的分配制度，因为人到企业来一是干工作，二是挣钱养家。怎么能够发挥每个人的能力，什么样的分配制度能够让员工都感到满意，这是企业需要思考的。如果分配制度不合理，干好干坏一个样，干多干少一个样，干与不干一个样，可能什么人才都留不住，企业自然管理不好。

当企业经营有序，获得了很多的利润时，我们应该努力为员工设立合理的分配制度，保证员工拿到应得的薪酬，这是企业长远发展的根本。所以这个不能叫分钱，否则我们说的发工资也是分钱。福利也是分钱。天下每一家企业都在做这样的事情，只是谁家能够做得更合理、让员工满意，谁家在令员工满意的同时又没有刺激员工的欲望，就是大学问了。

Q 83. 企业负责人和管理者不会决策，根据个人感受决策、逐利决策，怎么办呢？

A 答：这种情况下一般会有两种可能。

第一，可能是用错人了，这个人不适合做决策层，他没有决策者的思维方式和高度。如果硬要从事这个岗位，未来一定会出现很多问题。不是每一个人都适合做决策者，做决策者需要一些天分，还与他之前所受的教育和训练有关系。所以在用人上要特别慎重，有的人适合做执行，有的人适合做决策，用人要准确。

第二，决策的依据是思想、思维方式。思想就是我们说的道，在这里就是企业之道——企业生存之道、企业发展之道，也就是一家企业为什么能够生存、如何能够发展的规律。如果不了解这些规律，我们就可能决策不准，只能看到眼前利益，采用自我意识决策。这样的决策可能会给企业带来一时的好处，但却会为企业长远发展制造很大的障碍。

这些问题都是因为不明道而造成的。所谓决策，就是依道而思，依道而行。当企业决策层不能明白企业运行的根本内在规律时，它的决策风险就一直存在。这时候要出去学习，通过学习建立正确的决策思维，从而做出正确决策。

这些年我服务过很多企业家，他们一直在学习企业使命。使命是决策的总依据，他们经过系统学习使命以后，决策的正确率显著提升。推荐大家看我个人撰写的《使命与发心》，建议所有决策者把这本书读透读懂，相信对你的决策会有很大改善。在这个基础上，很多大师的书也一定要看，因为这些大师就是讲决策的，像我们前面介绍的德鲁克先生、稻盛和夫先生，把他们的书读透以后，你的决策能力就会显著提升。

Q 84. 企业家到底多少时间用于工作，多少时间用于学习更合理呢？

A 答：要根据情况而定。如果目前你对于整个企业运营深层的理论不清晰，这时候要敢舍，宁可把手里工作停下来都要学习。如果这时不学习，可能干得越多，错得越多，因为很多基础理论没有学会，就好比一个人想要开车去远方，可是连驾驶技术都不懂，这时就不能再开了，再开就容易出事故。

所以要自我评估一下，对于企业运营管理都掌握了吗？都精通吗？古人说“知小而谋大，鲜不及矣”——对企业所知很小，所谋却很大，那岂不是要出问题？我们不能犯知小而谋大的错误。这时首先要以学习为主，学好了以后再时习之，按照正确的思路去干工作。

我们现在和企业家朋友一起，基本是每个月不少于 3 天，一年大约有 30 ~ 50 天的学习期，每天还要看书写作业。几年下来，企业家们对于经营管理就非常娴熟了，到这时工作时间可以多一点。但中间还要抽出一点时间看书，看思想方面的书，继续提高自己的思想。同时，也要看行业内的专业书籍，研究行业怎么发展，了解行业走势，以此来做出市场判断。如果不看书，思想和信息储备不足，决策就不准。

到这时，工作和学习并行，把学习融入工作中，学习就是工作，工作本身也是用来落实学习。

所以要根据你当下的情况来决定哪一边比重更大些。我的建议是，初创业者以学习为重；相对成熟者以工作为主，但学习也不能停，二者并行，相对来说就是安全的。

Q 85. 有的管理者经常无端谩骂下属，这样的问题怎么化解？

A 答：这种情况一般来说是这家企业的文化不好，这样的管理者本身也不称职。管理者随意伤害员工，员工的工作积极性受打击会特别大，要杜绝这种事情。员工如果有问题，你可以批评他，有不足你可以帮助他，有不会你可以教他。你骂他不算管理能力，只能说明自身能力出了问题，不知道如何带领团队。

当管理者谩骂员工时，先不论员工犯了什么错误，管理者本身就有很大的错误。对于这样的管理者要进行调整，培训教育他，如果他能改正，就继续使用，如果不能改正，就要调岗。

也有管理者说：员工确实犯了很大错误，所以我才骂人。那么，骂人是不是最好的管理方法呢？骂人不能提升管理绩效，也无法改善一个员工的工作情况，这不是正确的方法，只是发泄情绪而已。发泄情绪就说明我们对这件事已经没有更好的处理方案了，只能发泄。这实际上不是解决问题，而是在制造问题。企业不能使用那些总是制造问题的管理者，要帮助他、调整他。

Q 86. 在选拔人才的时候，选什么样的人能胜任管理者岗位呢？

A 答：一般来说，能做管理者的人，要满足几个职业要求。

第一，有大局观，就是有集体主义思想，了解公司的使命、愿景和价值观。管理岗位不是一个孤立的岗位，是公司整体中的一部分。这一个螺丝怎么旋，要听集体的。如果一个人没有大局观，没有集体主义思想，就不适合做管理岗位，他可能会自行其是，对公司造成伤害。研发部不是自己的研发部，是公司的研发部，这个部门要为营销、生产做配套服务，怎么把营销拿回的订单中的产品研发出来，怎么让制造部生产出所研发的产品，这是研发部管理者的职责，不能说我想怎么干就怎么干。有的部门经理不好协调的原因就是他不考虑集体，只考虑自己，这一点很犯忌讳的。所以管理者要有集体主义思想，有整体意识。

第二，不自私，能成就他人。做管理主要是成就他人，带领每一个员工把绩效做出来。管理不是自己一个人奋斗，是大家一起奋斗。管理不是简单地驱使别人，更不是管控别人，而是成就别人，让每个人最大化地创造价值。管理者必须是一个不自私、乐于成就他人的人。

第三，管理者本身要很有德。如果没有德大家会不服他，不服他团队必乱。对于没有德的人，人们本能就会排斥，尤其在职业道德上。比如，该早来，你不早来，该晚走，你不晚走。大家都在看着你，不能以德服人，如何谈管理？

第四，在所有分工当中，一定有一项工作是管理者本身应该承担的专项工作。管理岗位不是什么都不干，是有他的专业工作，一般都是团队里最难的工作，不难的工作尽量分工授权出去。管理者不专业，就无法领导下属，尤其在专业问题上可能遭到下属的嘲笑。

Q 87. 现在市场竞争越来越激烈，在守住老客户还是开发新客户之间该如何选择？

A **答：**我觉得这是我们人为划分出的对立，老客户、新客户都是客户，我们叫人以群分，新客户可能就在老客户身边。能够对我们公司产品有需求的客户，都有相似性。一般来说，我们一定要维护好老客户，然后围绕老客户去开发新客户，由老客户介绍新客户往往更好，这种做法市场上很通用。

每家企业都有自己的使命，在使命当中已经有了顾客定位。无论新客户、老客户，定位上是一致的，他们有共同的特征，所以不存在新和老的问题，不需要人为地去划分，按照顾客定位操作就行。

Q88. 在当前的环境下，私营企业和股份有限公司如何做到玻璃般透明的经营呢？

A **答：**这是一个很具体的问题，恐怕不是一两句话能说完的。我建议大家首先去查阅稻盛和夫先生关于玻璃般透明的经营的相关书籍，在阅读时思考，稻盛和夫先生为什么要推行玻璃般透明的经营。

如果能弄清楚这种经营方式对于经营者和员工的好处，就便于我们做决策了。

其实无论是私营企业还是股份企业，只要你想做，就可以做成，关键是想不想做。想不想做的前提是知道为什么做，这个问题应该向更专业的老师请教，比如在稻盛经营学当中讲解会计七原则的老师，他们的回答会比我更加专业一点。

至于做到什么地步，各企业不同，关键是能不能用玻璃般透明的经营来实现企业有序经营，实现企业数字化经营，“看着数字表盘操控飞机”。

稻盛和夫线上商学院有很多这方面的书，推荐大家去线上浏览。

Q 89. 全员营销行动中，如何调动员工的积极性？对于消极参与或不参与的员工，有什么样的应对办法？

A 答：调动员工积极性，要考虑以下三个因素：

第一，我们所做的全员营销是不是为了全体员工的幸福。如果是，员工会愿意积极参与，如果不是，就没有积极性。

第二，我们所做的全员营销是不是领导带头打攻坚战。如果领导不带头、不努力，只是逼着员工去做，员工就可能会反感。

第三，我们的全员营销是不是有策略的。如果是有策略的，经过努力可以看到成果，员工就愿意参与。如果是蛮干，他们干了一段时间以后觉得没意思、没成果，就不想做了。

那员工为什么不愿意参与？

首先可能是没有弄明白道理，他觉得：这个事情和我没关系，这是你们的事情，不是我的事情。

还有一种可能，就是他觉得：我不会，我是做技术的，不会做营销，营销对我来说太陌生了，我不可能做得好。在这个时候不能去逼员工，要去做营销培训，去教。

若员工不愿参与，要去了解背后的真实原因。站在对方角度思考，就能找到答案。我在盛和塾的《如何用稻盛哲学突破经营困境》的四讲当中讲过这个问题，讲得比较细致，建议各位好朋友去网上查阅。还有稻盛和夫先生的《在萧条中飞跃的大智慧》中也讲到了全员营销，结合使用，应该能找到方法。

Q 90. 企业一定要用阿米巴经营管理吗？

A 答：我觉得不一定。阿米巴经营是稻盛和夫先生在经营中探索发现的。它有出现的原因，即企业大了，得了大企业病，基层管理不到位，大家都在忙碌，看不见效率，无效动作太多，错误动作不能被及时发现，员工没有工作热情。这时候，我们需要建立一种机制，通过这种机制来提高员工的热情，使员工有效工作，于是出现了阿米巴。

对于阿米巴我不是专家，所以不敢多讲。但是我希望大家明白学习运用阿米巴的最终目的是什么：是让你的企业高效运营，实现企业高利润增长。不管哪一种方法，只要能达到这个目的，它就是合理的。企业到底要不要用这个方式，取决于企业现状。比如，企业规模有多大？有文化吗？哲学共有了吗？员工效率高吗？对以上问题进行综合分析判断，然后再决定。

每家企业都不同，不应该说我们都需要阿米巴，也不应该说我们都不需要阿米巴。要看清阿米巴的管理模式是在什么背景下，针对什么问题而使用的管理模式。了解这些以后，量己量彼，就知道用还是不用了。

Q 91. 稻盛经营学与德鲁克经营中的哲学冲突吗？其主要区别在哪里？

A **答：**不冲突，他们的目的是一致的，都是为了企业，为了推动人类商业文明进步。

德鲁克先生一生重于理论与实践研究，他调研过很多企业，对于企业观察分析判断很细致。而稻盛和夫先生是实践者，他亲手创办了两家 500 强企业。两位大师的理论方向是一致的，只不过德鲁克先生的管理科学以西方文化为基础，而稻盛和夫先生的哲学以东方文化为底蕴。稻盛和夫提出了敬天爱人、利他、深信种子、重视员工物心幸福，这些思想都有很明显的东方文化特征，以东方文化推进企业持续发展。德鲁克先生的理论是基于实践经验，通过实践观察分析总结出来，具有非常好的实践性，很多企业运用了德鲁克先生的管理科学后，都觉得受益匪浅，因为它取自成功企业的实践。

不管哪一位大师的著作思想，都是我们应该学习的，要兼修并用，融会贯通。

Q 92. 华为的狼性文化与稻盛和夫先生物心幸福的心本经营矛盾吗？

A **答：**我认为不矛盾。物心幸福是我们所追求的目标，我们希望员工通过他们的汗水和奋斗，实现他们的梦想和幸福。那么应该怎样奋斗呢？人都有惰性、会散漫，这时候需要制度和文化。华为提出狼性文化时，有人可能觉得不大好，其实这是一种误解。“狼性”是说，人应该去奋斗，应该提高我们的工作热情，激发自身无穷的潜力，用专业技术打开市场，最大化地为社会做出贡献，用“狼性”这个词来代表一种精神。我们是人，我们身上有人性的光芒。但是作为人，我们知道自己有很多短板和弱点，这些弱点如果不去克服，这一生可能就虚度了。

每一个人进入企业之后，都应该最大化地发挥自己的作用。为了这个目的，华为提出了狼性文化。那么，最大化地发挥自己的作用又为了什么？为了人生的幸福，所以稻盛和夫先生提出了员工的物心幸福。这两个一个偏重于策略，一个偏重于目标。

Q93. 中小微企业如何调整战略战术？

A答：中小微企业由于自身的特征，在战术上要特别注意以下几点：

第一，必须做精准的、精细的市场细分。如果不做市场细分，在整个大市场中无法和别人竞争。所以必须要寻找到大企业不愿做或者做不来的细分小市场，在这一市场中做出优势。比如餐饮是大行业，各种菜系都有，小企业只做饺子、面条。饺子做好了，再做连锁，市场也很大。

第二，中小微企业在细分市场中必须保持自己的独特优势。在市场中让优势变得更明显，就能做得好，让别人不能超越。讲规模是小企业，讲服务水平却不弱于别人，甚至比很多大企业做得还要好，大型企业还要有求于它。

第三，中小微企业要发挥自身灵活、变化快的优势。在大海上，大船抗风浪，小船好掉头，各有各的优势。小微企业因为运行成本低、转身快，在抢占市场机遇中，能够把自身优势发挥出来。

了解自身特征，针对特征而制定战术，这样就能够生存发展下去。

Q 94. 市场上培训课程很多，企业家应当如何选择？

A 答：选择培训课程，应注意以下三点：

第一，看课程来源于哪里，是后人造的还是有历史渊源的。一般来说，有历史渊源的课程相对质量会比较高。最好是取自圣贤或者大师的。圣贤，比如儒释道的大师、德鲁克先生、稻盛和夫先生、曾仕强先生、特劳特先生……出自大师手笔的课程一般来说质量会很高，因为它经过了历史的沉淀和检验。

第二，课程是否有过实践的经验。有些课程虽然不是取自大师，但是是从实践中来的，在企业中证明了是行之有效的，比如在欧美一直通用的质量管理体系，为很多企业多年反复使用，引进中国后应该积极学习它，因为它是经过成功实践的管理体系。

第三，我们要观察这些培训课程所服务的客户后期成长如何。一般来说，经过这类课程培训的企业，如果持续三五年还在成长，证明课程本身有实效性、实战性，客户本身就可为它代言。

我们大体总结一下，第一类课程是取自圣贤或者大师的；第二类课程是取自成功经验的；第三类课程是客户出现了持续成长的。这三类课程都可以去看看。选择课程不要跟着感觉走，要独立观察判断，以实践为依据，这样才比较合理。

Q 95. 当一名企业家在内部提出要求时，没有人能达到，这时该怎么办？

A **答：**导致这种情况的有多种可能，首先判断是哪一种可能。

第一种可能是这位企业家制定的目标不现实，谁都做不到。

第二种可能是企业在制定目标时，没有提出相应的策略，员工不知道该怎么办，企业只是在提要求，应该做什么员工不清楚，目标就实现不了。

第三种可能是员工没有接受过训练，不具备专业化素质。专业人做专业事，当员工自身的专业能力不具备时，给他定什么样的目标可能都完成不了。

第四种可能是前期选人的问题。

目标定高了就要调目标，没有给策略就要给他们策略，员工不专业就要做培训，人选错了就要调整，这样问题才能解决。

Q 96. 公司里的员工总是在议论他人，该怎么办？

A 答：我觉得导致这种情况有几种可能。

第一，可能是公司的工作配比不好，有的员工太闲了，只能喝茶、看报纸、说是非、议论别人。如果他每天都很忙，就没有时间议论了。

第二，可能是企业文化出了问题。我们来到这家企业是来议论别人、说是非的吗？当然不是，这样最终不但会浪费自己的时间，也会耽误别人的工作。我们来到企业，是为了追求成长、追求幸福的。为了成长，我们要么看书学习，要么工作服务，有很多重要事情要做。一个人如果每天只会说闲话，说明他不懂得公司的文化，不懂得怎样珍惜自己的时间。这时企业要设立正确的文化，树立正确的风气，让员工知道说闲话是在浪费生命，使大家致力于成长，有空一起去看书、健身。正风气起来了，歪风自然就刹住了。为了避邪，首先要养正，养正就是养好的文化、好的公司氛围、好的职业习惯。

Q97. 钱真的是赚来的吗？钱的真实来源是什么？

A 答：首先我们要承认钱是赚来的。你在家里坐着，钱是不会来的，这种情况极少发生，发生也未必是好事。你要去劳动，要有付出才行。

那么从我们中国文化看来，钱是怎么来的？它有两个来源。从显性看，你要为他人服务，创造价值，以价值换金钱。你为他人提供了满意的服务或产品，他人就给你应得的报酬。稻盛和夫说，“要赚额头流着汗水的钱”；松下先生说，“利润是企业完成自身使命后应得的报酬”。从隐性看，钱是我们个人福气的兑现。如果我们很有福气，那我们做事就比较顺、赚钱比较快，这时候的钱是你的福气兑换出来的。你去买彩票、买股票，赚了大钱，觉得这个真好。可这种事情往往不能够持续，因为每赚一次，福气就少一些。福气是隐性的，你看不见它，如果它越来越少，以后你就赚不到钱了。

所以我们还是主张赚“额头留着汗水的钱”，这样的钱来得稳妥，可以持续，还可以培养福气。最好是一边赚钱一边培养福气，一边培养福气一边赚钱，形成一个良性循环，这样的赚钱方法就很好。

我们不仅要考虑一时赚钱，还要考虑它的持续性，更要考虑金钱和我们个人幸福的关系。把这些综合起来权衡考虑，我们对于钱的认知就达到一定高度了。有两本与财富有关的书，建议大家去读，一本是《能断金刚》，一本是《保富法》。

Q 98. 合理逃避企业所得税，也就是在法律允许的范围内逃税，这样做是否会影响企业后续的发展和成长？

A **答：**首先要想一想，企业到底需不需要交税，这不仅是一个法律问题。如果企业都不交税会怎样？税收是用来发展公共事业的，公共事业是用来帮助所有人的，所以税收是取之于民用之于民，取之于企业用之于企业。如果大家都努力多交税，经济就会发展得很快。

企业想多交税，但能力不够，这是因为企业本身的利润空间太小，发展速度过慢。利润空间与产品的附加值有关。产品研发做得越好的企业，利润越大，利润率到30% ~40%。研发做得不好的企业，利润率只有2% ~3%。一家企业长期交不出税，本身就值得反思。如果总靠合理避税，对于企业发展不是长远之计，应该努力做出更大的利润，交更多的税，以此作为企业追求。总在合理避税上下功夫，虽然暂时能节省一部分钱，但不是解决问题的根本出路。要去思考如何让企业有足够的销售额和利润空间，如何多交税，如何发展企业。

Q 99. 企业如何带领员工以利他心为客户服务?

A **答:** 在企业经营中，如果想引领员工运用利他思维去服务客户，首先应让员工明白为什么利他，要做思想教育。思想统一以后，可以开头脑风暴会议，把员工召集起来，研究顾客需要什么，我们能为顾客做什么，把利他转成可以实际操作的行为，通过集中式思考制定出方案，形成企业持续性动作。在企业中，想把利他的理念转成利他的行为，要靠会议、靠方案、靠制度，把利他变成持续的习惯。有了这样的思想理念以后，及时收集员工各种利他的想法，补充优化方案。

有四个关键步骤：第一，统一思想，明理；第二，激发利他思维，形成计划方案；第三，把计划变成习惯；第四，优化升级。四个步骤做下来，利他在企业中就落地了。

Q 100. 可以推荐三本书给企业当家人、高管和员工吗？

A 答：好书有很多，我个人建议企业当家人应读稻盛和夫先生的核心著作《活法》，详细解读种子法则的《能断金刚》，再就是德鲁克先生的重要著作《卓有成效的管理者》或者《管理的实践》。《使命与初心》这本书也适合企业当家人读。

高管要学一学《卓有成效的管理者》，这是高管必修的功课，还要读《活法》和《干法》，这两本书都很好。如果说修身，可以读一读《了凡四训》，很有益处。

员工比较适合读稻盛和夫先生写的《干法》，还有讲修身和做人的《细讲弟子规》《如何经营幸福人生》。《教子有方》这本书也不错，对员工很有帮助。

要推荐的书有很多。如果喜欢国学，应该多读一读南怀瑾老师和星云大师的书。喜欢中国式管理，读一读曾仕强先生的书。喜欢西方管理科学，读一读德鲁克先生的书。喜欢研究定位学的朋友，可以读一读定位学之父——特劳特先生的书。还有中国的传统经典书籍。稻盛和夫先生的最近著作《心》，也值得一读。

Q 101. 企业当家人如何立德、立功、立言？

A **答：**从中国文化来看，立德有两种做法。一是儒家的八德，一个人能做到“孝、悌、忠、信、礼、义、廉、耻”，就是立德。孝对父母，悌对兄弟姐妹，忠对国家，信对朋友、对他人，这四种关系建立好，再以礼义廉耻为标准，对他人有礼有义、有廉有耻。有礼是尊敬他人，有义是承担责任，有廉是不要贪，有耻是知道以何为耻，这就是立德的标准。二是从佛家看，立德就是两件事，即“诸恶莫作，众善奉行”，如果做到这八个字，就是立德。

立功是指为社会和国家做出贡献，功在当代，功被天下。比如邓小平先生、钱学森先生、袁隆平先生、屠呦呦先生，这些人物所做出的贡献能让社会和后世子孙从中受益，他们都是有功勋的。企业家也是如此，比如陈嘉庚先生开办厦门大学，就是立功。

立言是把所做事情深层的思想理论整理出来，著书立说，留给后人，让后人反复受益。比如曾国藩写的家书，星云大师一生写的几百本书，都在世界各地流传，很多人因为这些书受益，从中获得了重要思想。这就是立言。

这三点都能做到，古人称作三不朽，代表了人生追求。企业家能向这里突破，就很了不得。

Q102. 为什么要发展文化产业?

A答：发展文化产业主要有两个目的：一是引领；二是平衡。

发展工商业不应该只是为了创造利润，还要给人类带来持续的美好生活。在人类美好生活的背景蓝图中，我们发现，过去的商品经济只是满足了人类一定的需求，同时也产生了一定的误导，甚至刺激了人类的欲望。这样发展下去，虽然经济越来越发达，但人类却未必会更幸福。这时需要一个产业站出来，那就是文化产业，用文化产业来引领大众奔向真正的幸福。因为引领大众就是引领需求端和供给端。引领需求端，让大众明白人类到底该过上什么样的幸福生活；引领供给端，让企业能够真正为人类幸福而去从事生产服务。

人类在天地间生活，一切生产资料取自天地，若人类只是无限榨取资源，不停地生产和消费，总有一天地球会不堪重负。物质文明和精神文明要平衡，一手抓物质，一手抓精神，从而避免物质欲望的无限放大。要推进精神文明，用文化产业平衡物质产业的过速发展，让人类与自然和谐共存。文化产业本身是一个低消耗的产业，能减少人类对地球资源的浪费，产业的市场价值和社会贡献都非常大，我们已经到了发展文化产业的时代，企业应该朝这个方向努力。

Q103. 商业如何发展，才能给人类带来幸福生活？

A 答：首先要明白人类幸福生活的基本模型是什么样的。

幸福生活可以分为三个层面，即生存、生活和生命。生存说的是衣食富足，住行都能获得保证；生活是家庭伦理和个体的生活情趣爱好；生命是人的思想境界、情怀、心性。这三个层面的目标都实现了，才会有真正的幸福。

首先看生存。人们满足衣食住行的需求是对的，可是再往前一点就会转成欲望，欲望没有止境，我们拥有太多用不着的衣服，占用了过多的土地，购买了过量的车，这些做法都是出于欲望，并不是需求，人们并没有因此而感到快乐，所以在生存层面需要调整。

其次看生活。没有良好的人伦关系，谈不上幸福。还有个人爱好，比如读书、书法、绘画，都很好。可现代人的很多爱好是不健康的、有害的，会伤害个人身体和心灵，对社会也有负面作用。

最后看生命。与其相关的是文化产业，如何让每个人带着思想、情怀去生活，如何让心性回归宁静自在，是幸福的关键。

了解了人类的幸福生活模型，就知道工商业该做如何调整。目前工商业主要存在于生存层面，出现了刺激欲望、刺激消费的错误方向。在生活层面，工商业也有对人们不良嗜好的误导。而在生命层面的服务，基本还是空白。由此分析发现，要想实现人类幸福，工商业还有很远的路要走，有一部分已经走错了，需要矫正。

Q 104. 事业上做到怎么样才算成功呢？

A 答：现代人可能有不同的标准。一般人认为，我有钱有势、名利双收，这就是成功了。古人不是这样认为的，古人提出，人生如果能够达到三立，即立德、立功、立言，才算成功。

第一立是立德，在做事业中修身养德，赢得别人的尊重。第二立是立功，就是有功于社会，通过创办商业，为大众带来真实的利益，为人类文明带来进步。第三立是立言，通过做事业，企业家思考人生、感悟人生，建立自己的思想。他知道作为人该怎样去生活，事业该怎样做能够做成，并把这些思想整理出来留给后人，或者写成家训，或者写成企业文化。

一名企业家如果能够做到立德、立功、立言，事业就能成功。

Q 105. 如何平衡公司利益与个人利益，利他和利己的关系？

A **答：**公与私、利他和利己之间不存在平衡的问题，它们本来就是一体的。没有公，哪有私？没有私，哪有公？我们谈利他时，要想到利己。我们谈利己时，要想到利他。它们不是对立的，是同进同退、共生共荣的。

我们之所以觉得难以权衡，是把它们当做两件事了。今天我是用私心好还是用公心好呢？答案是私心和公心都要使用。没有公的话，私，比如福利待遇无法保证和实现。没有私，员工就没有动力。这个私不是自私，是一个人应该去追求他的幸福生活，但实现幸福生活的方式是为公、为他人。能够看到它们的一体性，这个问题就迎刃而解了。问题的答案不在方法上，而在道理上。如果管理者明白了这个道理，就不会有这样的疑惑。无论是公还是私，最后都可以实现。

Q 106. 员工福利开支与成本控制是否矛盾，又如何平衡呢?

A 答：它们不矛盾，也不可能矛盾。我们做成本控制是在保证顾客满意的基础上，加强内部管理，做好成本控制。省下来的钱，从集体来说，可以用于谋求企业更大发展，从个体来说，可以使我们的生活更有保证。成本控制做得好，我们的福利才能实现。如果每天都大手大脚乱花钱，花的好像是公司的钱，其实是员工自己的钱。

所以我们想实现员工福利，就要从成本、质量、客户满意开始。要鼓励员工做成本控制，告诉员工我们省下的钱都是自己的钱。公司是什么？大家在一起工作的地方就叫公司。你省一分钱我省一分钱，企业发展了，福利就上来了。只有关注了员工的福利，做成本控制才能更有热情、更有积极性、更有方法。如果每个人都能主动控制成本，这家企业就能够更快速地发展，大家会得到更多的福利。

那么，我们给员工的福利开支是浪费成本吗？不是，这恰恰是最好的投资。做企业，要如陈嘉庚所言，“能省则省，当用则不惜”。福利好了，员工有干劲，控制成本成为其自觉的习惯，这样的企业才能良性发展。

Q 107. 企业生存遇到困难，如何研究新市场、新环境下的客户需求？

A 答：这个问题并不是很复杂。需求在哪里？客户那里。想知道需求是什么，就要去问客户。必须要很有耐心地经常和客户在一起，找客户交流，一起聊天、吃饭。能够见到客户，和客户之间有很多沟通，慢慢就知道他的需求了。这些需求不必去猜，猜也猜不出来，要到一线去，要到客户那里去，走近他、倾听他。当你不停地倾听时，需求就找到了。这个方法简单易行，需要我们勤奋，敢于走近客户，不要怕被拒绝，要经常保有这样的热情。

Q108. 企业家如何在事业中修无我？

A答：关于无我的智慧，在生活中有几个常见的标准。

第一，它最明显的标准就是大众第一。大众第一的反义词是什么？是“我”第一。处处都是“我”第一，还怎么无我。“圣人常无心，以百姓之心为心。”当把“大众第一”的理念牢牢立住时，他就不会在“自我”上加力了，方向就能得到调整。所以，“大众第一”是一个非常重要的准则。

第二，必须要聚焦在成就他人上。大众第一是为了成就大众，因此我们要去思量，所做的一切有没有成就他人——成就他人的智慧、成就他人的福气。如果不是在成就他人，基本就是我们的动机出了问题，“自我”又开始行动了。

第三，凡事多商量。商量本身带着无我的智慧。不肯商量，很有可能是“我见”出现了。如果不和大众商量，全是自我的想法，即“我认为你应该”，就落入了执着。商量是一个反馈机制，在中国文化里叫谦德，谦德的一种表现就是好商量、互相倾听。傲慢固执时，人就不愿意商量。

以上三个步骤——大众第一、成就他人、好好商量，每一步都能把执念过滤掉一些。可以经常这样自我检验：每天起心动念之间是不是大众第一？是不是想着成就大众？如果不是那就要小心。洋洋得意是执念，功高傲慢是执念，固执己见是执念。尤其是当我们有了思想文化以后，文化也会为魔所染，产生道德绑架、道德对立，最后大家都很痛苦。

这些做完之后，回头再看看大众是不是很欢喜，欢喜就对了，这是对无我特别重要的见证。

比如，有人提醒我们，要坚持大众第一，你答道："我这个人一向大众第一。"有人教导我们，要初心成就大众，你答道："我经常初心成就大众。"这样的对话就是一种执念，这种执念叫自得，自得的执念特别不容易提防，再往下走一步就会出问题。

文化人身上还有一种执念容易出现，叫作小资。在文化圈里经常有对小资生活的向往，当他追求小资、贪恋小资时，他的智慧发挥不了作用，因为它是违背了"大众第一"的原则，把自己当第一了。这是文化人本身不应该追求的。我们可以有雅致的生活，但不可贪恋。能够小资的人都是有一定福气的，小资也是福气的化现；能够自得的人也都是有一定智慧的。但福气后来的障碍就是小资，智慧后来的障碍就是自得，一自得智慧就停步了，一小资理想就升不起来了，福气也就走不动。生活好了，还要发起心来继续成就大众，不能停留。

说到这里，想起一段话送给大家，作为收尾：

我们并非完美，只是还没有鼓足勇气，面对自己的种种不足。每个人都带着不同的问题，如果不是自己鼓足勇气，别人是不会和我们讲的。我们鼓足勇气接受了，别人才能鼓足勇气说给我们听。生命属于强者，强者的强既包括奔赴理想的担当，也包括面对自己不足的真诚与坦然。